동북아역사재단
교양총서 03

고구려 고분벽화와 만나다

전호태 지음

동북아역사재단
NORTHEAST ASIAN HISTORY FOUNDATION

간행사

우리나라를 둘러싼 동북아 지역의 역사 갈등은 여전히 한창이고, 점차 심화되고 있습니다. 우리 동북아역사재단은 2006년에 동북아 지역의 역사 갈등을 미래지향적으로 해결하고, 나아가 역내 평화체제를 구축하려는 목적으로 출범하였습니다. 이때는 항상적으로 제기되고 있던 일본의 역사 왜곡에 더하여 고구려, 발해 역사를 둘러싸고 중국과 역사 분쟁이 일어났습니다.

한국과 일본 사이의 역사문제는 19세기말 일제의 침탈과 식민지배 때부터 있어 왔습니다. 지금도 일제의 식민지배에 대한 진정한 사죄와 일본군'위안부' 문제, 전쟁에의 강제동원과 수탈, 독도영유권 등을 둘러싸고 논쟁과 외교 마찰이 일어나고 있습니다.

중국은 개혁 · 개방 이후 급속하게 경제발전을 이루면서 체제를 안정시키고 선린외교에 주력하였으나, 주변국과의 관계에서 주도권을 잡고자 하는 과정에서 자연스럽게 역사 문제를 둘러싸고 이웃과 대립하게 되었습니다. 그중 동북3성 지역의 역사에 대해서는 이른바 '동북공정'이라는 것을 통하여 중국 영토 안에서 일어났던 역사를 모두 자기 역사 속에 편입하고자 함으로써, 우리의 고대사(고조선, 부여, 고구려, 발해 등)와 충돌하게 되었습니다.

우리 재단은 이런 역사현안을 우리 입장에서 연구하면서, 다른 한편으로 우리 국민이나 다른 나라 사람들이 우리의 연구 결과를 같이 공유하고, 이를 쉽게 알 수 있도록 교양 수준의 책을 출간하게 되었습니다. 한·중·일 역사현안인 독도, 동해 표기, 일본군'위안부', 일본역사교과서, 야스쿠니 신사, 고조선, 고구려, 발해 및 동북공정 관련 주제로 우리 재단 연구위원을 중심으로 재단 외부 전문가들로 필진을 구성하였습니다.

모든 국민들이 이 교양서들을 읽어서, 역사·영토 현안을 올바르게 인식하고 나아가 우리가 동북아 역사갈등을 주도적으로 해결하여, 평화체제를 이룩하는 데 주역이 되기를 바랄 뿐입니다.

2018년 12월

동북아역사재단 이사장

김도형

머리말
한국 문화의 원형 속으로 떠나는 시간 여행

동북아역사재단으로부터 청소년도 편하게 읽을 수 있는 '고구려 고분벽화' 교양서 집필을 의뢰받았다. 좋은 의도에 반색하며 응낙했지만 사실 난감했다. 청소년 독자층이라도 주된 대상을 가늠하기 쉽지 않다는 생각이 들었던 까닭이다. 새로운 세대로 내려올수록 한눈에 쉽게 들어오는 말, 호흡이 짧은 글에 익숙하다는 사실을 잘 알고 있는지라 고분벽화라는 만만치 않은 주제로 청소년 교양서를 쓸 수 있을까 하는 회의도 들었다.

일단 '시작이 반이다' 하고, 시작해 보자는 마음으로 글쓰기에 들어갔다. 한국 문화의 원형과 만나는 경험을 할 수 있게 하자, 우리 안에 있어도 여전히 낯선, 그래도 만나야 하는 또 다른 우리와 마주치게 하자는 생각으로 밀고 나갔다. 다듬고 다듬다 보면 청소년도 읽을 수 있는 글이 되리라. 이런 막연한 기대와 믿음에 기댄 채 쓰고 다듬고, 또 쓰고 다듬었다.

글을 쓰면서 고분벽화는 고구려의 역사와 문화, 종교와 사상이자 한국의 현재와 과거 사이를 잇는 문이자 통로임을 모두가 함께 알고 있어야 한다는 생각이 들었다. 실제로 고분벽화는 고구려에서 한국인의 의식주, 놀이, 풍습이 시작되었음을 한눈에 보여 준다. 한국인이 지니고 있는 일반적인 성향과 태도를 고구려 사람도 이미 가지고 있었음을 알 수 있다.

글은 크게 네 부분으로 나누었다. 먼저 1부에서는 고분벽화라는 예술작품 겸 역사유적이 다시 세상에 빛을 보게 되는 과정, 고분벽화라는 장르의 역사적인 전개 과정, 고분벽화를 제작하는 기법과 채색에 사용된 안료의 성격, 고분벽화도 생명체처럼 숨을 쉬어야 한다는 사실을 깨닫기도 전에 이루어진 후대 사람들의 응급 처치 수준의 보존 과학적 접근 등을 담았다.

2부에서는 벽화의 내용을 다루었다. 고분에 어떤 것이 그려졌으며 그 안에 담긴 경험, 생각, 소망이 무엇인지를 풀어 썼다. 고구려 사람들이 살던 당시의 생활문화, 불교를 받아들이면서 달라진 세계관, 고구려에 흘러들어 문화와 사상을 풍부하게 만들었던 서쪽에서 온 문화, 종교, 과학기술, 하늘의 별자리 관측을 바탕으로 만들어진 새로운 우주관과 상상의 세계 등이 어떤 모습으로 고분벽화에 담겼는지를 간략하게 적어 보았다.

3부에서는 고분벽화가 지닌 가치와 의미, 고분벽화에 담긴 현재의 한국인, 한국문화를 다루었다. 고분벽화를 통해 본 고구려가 오늘의 우리와 어떤 관련이 있는지를 살펴보았다.

4부에서는 시대와 지역을 넘어 가치와 의미를 평가받을 수 있는 고분벽화의 특별한 장면을 함께 보고 읽는 경험을 나누고자 했다.

30년 한길을 걷고 있지만 필자에게 고구려 고분벽화는 여전히 미지의 세계이다. 지금까지 알아냈다고 생각한 것보다 아직 찾아내고 밝혀내야 할 것이 더 많기 때문이다. 벽화 위에 백회를 바르고 새로 벽화를 그렸을 때, 숨겨진 안쪽 벽화를 짚어 내고 읽어 내기 어려운 것과 비슷하다. 잘 보이던 것도 시간의 손길을 받으면서 서서히 지워진다는 사실을 감안하면 고분벽화를 하나하나 읽어 내고 되살리는 일은 시급한 과제이다. 이 글을 읽고 보면서 고구려 고분벽화의 세계로 뛰어드는 이가 하나둘 더해지기를 소망한다.

2018년 가을, 문수산 기슭에서

전호태

차례

3부 길잡이가 되다

4부 시대와 지역을 넘어

부록 벽화를 보다 178

1부

이력이 있다

고분벽화에도 이력이 있다. 언제, 어떻게 나고, 무엇을 어떻게 담았으며, 긴 세월 동안 무슨 일을 겪었는지, 벽화고분 한 기, 고분벽화 한 장면에 담기거나 새겨진 이야기가 있다. 지금까지 발견된 123기의 고구려 벽화고분 모두 살아 숨 쉬는 유적이다. 기후와 환경에 반응하며 벽화의 빛이 바래기도 하고 필선과 채색이 생생하게 유지되기도 한다.

1장

다시 빛 아래로 나오다

이력이 있다

조선이 대한제국을 선언한 19세기 말, 평양 일대에 산재한 고구려 왕과 귀족, 유력한 백성들의 크고 작은 무덤들은 주인을 잃고 돌보는 이 없는 옛사람들의 흔적 정도로만 여겨졌다. 거대하고 화려하게 지어졌던 왕릉 가운데 어떤 것은 속이 텅 빈 채 마을 아이들의 놀이터가 되었다. 좀 규모가 작은 귀족의 무덤들 중에는 안이 늘 서늘해 곡식과 채소를 갈무리해 두는 곳간으로 사용되는 것도 있었다. 평안도 강서 삼묘리 3기의 대형 무덤은 오래전에 도굴되어 안에 아무것도 없는 상태였다. 무덤 입구의 갈라진 틈으로 아이들이 들어가는 것도 가능했다. 소 먹이러 나온 마을 아이들이 가끔 들러 쉬기도 하고 놀 수도 있었다.

그런데 세 무덤 가운데 두 무덤 안에는 이상한 짐승들과 선녀 같은 사람, 아름다운 꽃무늬 같은 것들이 그려져 묘한 분위기를 연출한다는 소문이 나돌았다(그림 1~3). 마을 어른들은 혹 무덤에 남은 혼백이 해를 입힐지 모른다며 아이들에게 근처에도 가지 말라고 거듭 주의를 주었다. 그러나 이 큰 무덤들에 관한 이야기가 마을 사람들과 아이들, 외지인들의 입에서 입으로 전해지면서 이 무덤들에 대해 알고 싶어 하는 사람들이 늘어났다. 강서군수 이우영도 이 소문을 듣고 1902년 지인들과 함께 삼묘리를 방문했다. 군수 일행은 마을 사람들의 안내를 받아 무덤 속에 들어가 보았다. 강서대묘와 강서중묘의 벽화는 이런 과정을 거쳐 세상에 알려졌다.[1] 668년 고구려가 멸망하면서 잊힌 지 거의 1,300여 년 만의 일이다.

강서대묘와 강서중묘 벽화가 발견된 이래 2017년까지 확인된 고구려 벽화고분은 123기이다. 고구려의 첫 번째 수도인 졸본(중국 랴오닝성 환런현)과 두 번째 수도인 국내성(중국 지린성 지안) 일대에서 38기, 세 번째 수도인 평양과 대동강 중·하류 유역, 재령강 유역 안악 일대에서 85기가 발견되었다. 일제강점기가 끝나는 1945년까지 중국과 북한에서 발견 및 조사된 벽화고분은 모두 22기이다. 이후 100기 이상이 북한과 중국에서 추가로 확인 및 조사되었다. 광복 후 북한 지역에서 발견된 벽화고분이 70기 이상이다.

고분벽화에는 고구려의 독자적이고 창의적인 문화의 숨결이 잘 담겨 있다. 벽화의 예술적 완성도도 매우 높다. 이런 까닭에 고분벽화는 재발견 당시부터 많은 사람의 눈길을 끌었다. 일본의 한 예술학도는 군인으로 강서에 파견되었던 시기에 무덤 안에 들어가 벽화를 스케치했다.[2] 이때 강렬한 인상을 받은 그는 제대 후 일본학자들이 꾸린 벽화고분 조사팀에 참여하여 벽화 모사 작업을 전담하기도 했다.

그러나 일제강점기에 고구려 벽화고분이 전문연구자들을 중심으로 주의 깊게 발굴 및 조사되는 경우는 거의 없었다. 현지 사람들이 우연히 발견한 뒤 외부로 알려져도 단기간에 간결하게 조사가 이루어지는 경우가 많았다. 아니면 개인적으로 도굴에 가까운 발굴 작업이 이루어지다가 관청에 알려져 정식 조사가 진행되기도 하지만, 정치사회적 사건을 계기로 갑작스레 중지되기도 했다. 유적에 대한 사진촬영 및 실측도 미처 이루어지지 못하고 간

그림 1 일제강점기 강서삼묘 전경

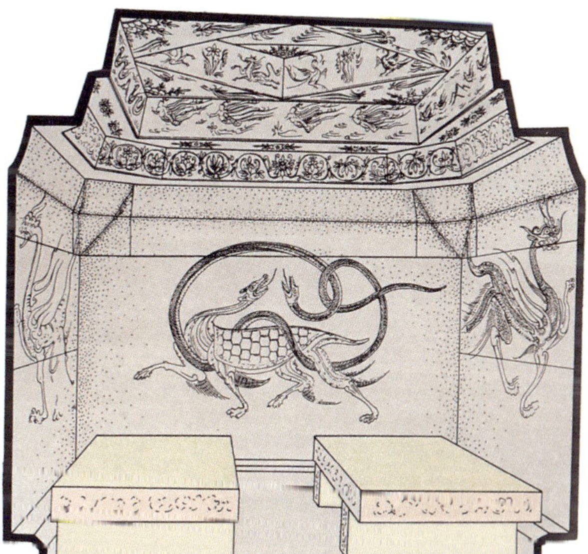

그림 2 강서대묘 내부(남 → 북)

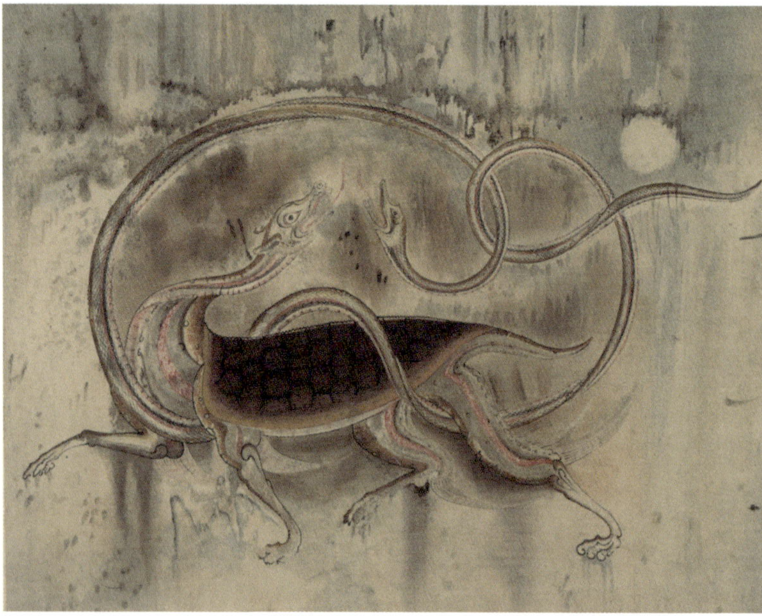

그림 3 강서대묘 벽화, 현무 모사도

단한 도면이나 짧은 메모 정도만 남는 경우도 있었다. 다행히 일제강점기에는 고분 실측과 벽화 모사 작업이 동시에 이루어지는 것이 관례였다. 그런 까닭에 발견 당시의 벽화 상태가 후세에 상세히 알려진 고분도 여러 기 있다.

일제강점기에 조사된 고구려 벽화고분 가운데 일부는 벽화의 보존 상태가 좋은 편이었고, 모사도도 여러 점 제작되었다. 강서대묘와 강서중묘의 경우, 1912년 공식 조사 당시에는 70일에 걸쳐 모사도가 제작되었다. 1930년에는 강서중묘 벽화만 거의 2개월 동안 모사되었다. 기술적인 문제로 말미암아 벽화에 대한 사진 촬영은 몇몇 고분에서만 상세하게 이루어졌다. 강서대묘와 강서중묘 벽화는 1936년 10월 초순부터 40일 동안 유리건판 400장 분량이 촬영되어 실물 크기의 사진 인화까지 할 수 있었다.[3)]

일제강점기의 벽화고분 조사에는 건축기사가 참여해 비교적 상세하고 정확한 무덤 구조 실측도를 작성하여 후세에 남겼다. 1945년 8월 이후에는 북한과 중국의 학자들이 고구려 벽화고분을 조사하고 고분벽화 모사도도 제작하게 되었다. 고분벽화 보존처리가 본격화되는 것도 이때부터이다.

* * *

고구려에서 고분벽화는 3세기 중엽부터 7세기 전반 사이에 제작되었다. 초기 고분벽화는 대부분 무덤 칸의 벽과 천장에 석회를 바르고 그 위에 그림을 그린 것으로 공통의 주제는 생활풍속이다. 벽화 주제로서 생활풍속이란 무덤에 묻힌 이가 살던 시대의 생활상을 재현한 것을 가리킨다. 생활풍속이 주제일 때에는 보통 무덤 주인 부부의 일상생활을 보여 주는 여러 장면, 무덤 주인 생전의 기억할 만한 사건이나 무덤 주인의 신분 및 지위를 나타내는 장면이 그려진다. 무덤 주인이 대규모 행렬의 주인공으로, 또는 많은 신하로부터 업무 보고를 받는 모습으로 그려지는 것은 죽은 이의 생전 지위를 보여 주기 위해서다. 무덤 주인 부부가 저택의 안채 한가운데 나란히 앉아 시녀들로부터 음식 시중을 받는다든가, 나들이 도중에 가무와 곡예, 운동경기를 관람하는 장면은 귀족으로서 여유로운 일상을 보냈음을 보여 주려는 것이다.

초기와 중기 고분벽화 중에는 무덤 칸의 벽 모서리, 벽과 천장이 맞닿는 지점에 기둥, 보, 도리 등 목조 가옥의 뼈대에 해당하는 부분을 그린 사례가 많다. 들보 아래에는 일상생활의 여러 장면을 나누어 묘사하고, 들보 위에는 해, 달, 별자리, 하늘 세계의 온갖 존재를 표현한다(그림 4). 죽은 이를 위해 지하에 지어진 새로운 집에 무덤 주인이 앞으로 살아갈 세계가 벽화로 그려졌다고 할 수 있다.

초기 고분벽화의 생활 장면에는 죽은 이와 그의 자손이 경험한 현재와 소망하는 내세 삶의 모습이 겹쳐 있다. 408년 쓰인 덕흥리벽화분 묵서묘지명은 "자자손손 좋은 자리에 오르고 번성하여 이 무덤을 찾는 이가 끊이지 않기를 바란다."는 기원문으로 마무리된다.[4] 덕흥리벽화분의 주인공이 생전에 묘지명에 등장하는 큰 벼슬자리에 오르지 않았더라도 이런 자리를 누리는 모습을 벽화에 그려 기원을 현실화하는 주술적 효과를 기대했기 때문이다.

그림 4 각저총 내부

그림 5 무용총 벽화, 수박희 장면

실제 무덤 주인이 유주자사를 역임했다면 그 자리를 누린 자의 자손도 그런 자리에 오르고 거기서 한 걸음 더 나아가기를 기원하는 뜻이 담겨 있다고 할 수 있다.

생활풍속을 주제로 한 고분벽화라고 하더라도 제재는 매우 선택적이다. 생전이나 사후의 생활 모습을 다 그려 넣을 수도 없지만 제한된 화면 안에 반드시, 혹은 우선적으로 표현해야 하는 것이 있기 때문이다. 벽화 제재에 주어지는 특정한 역할이나 기능이 선택과 묘사의 기준으로 작용할 가능성이 높다. 무덤 주인공의 초상이 무덤 칸의 중요한 벽면에 그려지고, 화면 아래 제사를 받는 데 쓰이는 돌상이 놓이는 것은 그가 죽어서 조상신이 되어 현재에도 영향을 끼칠 수 있는 존재이기 때문이리라. 행렬도나 가무도는 무덤 주인의 생전과 사후의 지위, 신분을 나타내는 표시이며 사냥이나 마사희(馬射戲) 장면은 전사로서의 자질과 능력을 드러내는 장치다.

씨름 및 수박희(手搏戲) 장면 역시 단순한 일상생활 풍경의 재현 이상의 의미를 지녔다고 보아야 한다(그림 5). 씨름이나 수박희 장면에서 힘과 기술을 겨루는 두 사람 중 한 사람은 반드시 코가 높은 서역 사람이다. 고대 동아시아에서 서역인은 보통 사람과는 다른 수준의 힘을 지닌 '역사(力士)'로 인식되었다. 때문에 동아시아 예술에서 서역인은 중요한 공간의 입구를 지키는 문지기, 신분과 지위가 높은 사람의 호위무사로 묘사된다. 씨름이나 수박희 장면의 서역 사람도 지키는 이로 그려졌다고 보아야 한다. 벽화의 서역 사람은 무덤 주인이 새 삶터로 들어가기 위해 지나야 할 '관문'을 지키는 사람인지도 모른다.

고분벽화는 장의 미술이다. 장의 미술에서 전제되는 것은 '기원, 소망'이며, '주술적 효과'이다. 장례도 죽은 이를 기리는 데서 한 걸음 더 나아가 남은 이에게도 영향을 주며 산 사람에게 도움을 주려는 행위이다. 장의 미술 활동은 장례의 일부이자, 어떤 면에서는 가장 긴요한 부분이다. 무덤 문이 한 번 닫히면 산 사람이 더 이상 그 작품을 볼 가능성은 거의 없다. 하지만 죽은 사람의 세계가 산 사람의 세상과 불가분의 관계를 맺고 상호 영향을 끼친다고 믿는 사람들에게 고분벽화는 오랜 기간 주술적 효과를 발휘하는 매우 중요한 주술 행위의 원천으로 인식되었을 것이다.

중기 고분벽화는 5세기 중엽부터 5세기 말에 걸쳐 제작되었는데, 5세기 고구려의 모습이 생생하게 담겨 있다. 5세기의 고구려는 역동적이다. 동아시아 국제질서를 주도하는 4대 강국의 하나이자 동북아시아의 패권을 잡은 국가로 전성기를 누렸기 때문이다. 79년에 걸친 장수왕의 재위기간(413~491)에 고구려는 정치적으로 안정되고 문화적으로 풍성했다.

439년 북위가 북중국을 통일함으로써 동아시아에서는 내륙아시아의 패권을 잡은 유목제국 유연(柔然), 북중국의 북위(北魏), 남중국의 송, 동북아시아의 고구려 사이에 힘의 균형이 성립했다. 동아시아를 네 개의 세력권으로 재편한 네 나라는 서로를 견제하면서 사회문화적으로 활발히 교류했다. 동북아시아의 패권국가 고구려는 이 나라들과의 교류를 통해 새롭고 다양한 문화를 지속적으로 받아들였고, 동북아시아 문화중심으로서의 지위를 확고히 유지했다. 5세기의 평양은 고구려 천하의 중심이었으며 동북아시아 전역에 강력한 영향을 미쳤던 범(凡)고구려 문화의 출발점이었다.

중기 고분벽화의 주제는 다양하다. 생활풍속, 장식무늬, 사신(四神)을 주제로 삼는 경우도 발견되고, 여러 주제를 다양한 비중으로 혼합시킨 사례도 확인된다. 장식무늬 고분벽화는 5세기 중엽에 많이 제작되는데, 대부분 연꽃을 소재로 삼은 것이다. 환런 장군묘나 평양의 동명왕릉은 무덤 내부가 연꽃무늬와 몇 가지 장식무늬로만 장식된 벽화고분이다.

불교의 유행과 관련이 깊은 연꽃무늬 고분벽화는 고구려 사람들 사이에 불교적 내세관이 크게 유행했다는 증거이기도 하다. 쌍영총이나 안악2호분 벽화에서처럼 연꽃무늬가 부분적으로 묘사될 경우, 함께 등장하는 불교 승려나 귀족들의 공양 행렬은 벽화 속의 연꽃이 불교신앙의 상징적 표현임을 확인시켜 준다(그림 6). 환문총의 동심원무늬 역시 여래의 두광을 깨달음과 자비의 상징으로 사용한 사례로 이해되어야 한다.

5세기 동아시아는 불교의 시대였다. 중국의 북위에서 석굴사원의 조영이 크게 유행하는 동안 고구려에서는 연꽃무늬로 장식된 벽화고분이 널리 만들어졌다. 고구려 사람들은 조상신의 세계로 돌아가는 현세의 연장으로서 내세가 아니라 연꽃을 자궁으로

그림 6 쌍영총 벽화, 귀부인 공양 행렬 모사도

그림 7 삼실총 벽화, 우수역사 모사도

삼아 완전히 새롭고 자유로운 존재로 재탄생하는 세계를 꿈꾸었다. 정토로 불리는 불교적 내세에서 새로운 삶을 누리려는 강렬한 소망이 고분벽화의 주제를 바꾼 것이다.

중기 고분벽화 생활풍속 장면에는 불교행사와 관련된 것 외에 5세기 동서 교류의 양상을 드러내는 것도 보인다. 장천1호분과 삼실총에는 동방세계에서는 낯선 서역인의 얼굴이 보인다(그림 7). 팔다리에 뱀이 감긴 벽화의 우주역사(力士)는 서아시아와 인도가 고향일 것이다. 장천1호분과 삼실총에 등장하는 우주역사는 중국이라는 징검다리를 거치지 않고 초원의 길을 통해 곧바로 고구려로 들어왔음이 확실하다. 벽화에 모습을 보인 우주역사는 당대에 동방에 알려진 서역인의 형상 그대로이다. 초원의 길은 5세기 고구려가 활발하게 사용한 또 하나의 대외교통로였다. 북중국의 북위뿐 아니라 유목제국 유연도 고구려의 주요한 교류 대상이었다.

중기 고분벽화의 또 다른 특징으로는 벽화 구성에서 사신의 비중이 높아진다는 것이다. 사신은 해가 하늘을 한 바퀴 돌면서 만나는 28개의 별자리를 동서남북 방위별로 7개씩 나누어 신수로 형상화시킨 결과물이다.[5] 동서남북의 방위신에 해당하는 청룡, 백호, 주작, 현무는 죽은 이가 하늘 세계에서 내세의 삶을 누릴 때 수호신 역할을 한다고 믿었다.

고대 동아시아에는 하늘과 땅은 별도의 세계이면서도 서로 영향을 주고받는다는 인식이 있었다. 하늘에서 땅으로, 땅에서 하늘로 기운이 전해진다는 '천지감응설(天地感應說)'이 그것이다. 사신의 형상을 갖춘 땅의 한가운데 집을 지으면 하늘로부터 내려온 사신 별자리의 기운으로 그 집에 사는 사람들이 보호받고 사회적으로 높은 지위에 이르며 재산도 크게 불어나 잘 살 수 있다는 것이다. 무덤 안에 그려진 사신은 현실에서 찾아보기 어려운 사신 형상의 지세를 대신한다.

6세기 초부터 7세기 전반은 후기 고분벽화가 제작되는 시기이다. 이 시기 고분벽화의 무덤 양식은 외방의 돌방무덤으로 사실상 통일된다. 벽화의 주제도 사신으로 한정된다. 후기 고분벽화 시대의 무덤 축조 기술이나 벽화 제작 기법은 매우 발전된 수준을 보여 준다.

후기 고분벽화 시대에 장식무늬나 생활풍속을 주제로 한 고분벽화는 제작되지 않는다. 잘 다듬은 커다란 판석을 축조 재료로 사용한 대형 무덤에 사신도 벽화가 그려지는 경우가 일반적이다. 대형 무덤은 많은 비용과 인력이 동원되어야 축조될 수 있다. 후기 벽화고분의 무덤 주인공이 왕이나 왕족으로 추정되는 것도 이 때문이다. 후기의 고분벽화에서는 접착력 높은 아교에 갠 고급 안료로 석회를 바르지 않은 돌벽 위에 직접 그린다.

후기 고분벽화가 제작되던 시기에 고구려는 정치적으로 매우 불안정하고 대외관계도 방어적이었다. 동아시아 국제질서가 급변하고 있었음에도 고구려 사회는 귀족세력 간의 권력투쟁으로 혼란스러웠다. 기존 불교 세력과 신흥 도교 세력 사이에도 갈등이 커 사회적 분열의 골도 깊어졌다. 정치사회적으로 불안정해지자 문화적 역동성도 약화되었다. 외부로부터 유입된 새로운 문화가 고구려 특유의 문화 재창조의 대상이 되어 보편성과 독자성을 아울러 갖춘 새로운 고구려 문화요소로 자리 잡는 데는 이전보다 긴 시간이 필요했다.

후기 고분벽화에는 중국 남북조에서 유행하던 미술 양식이 동방으로 전파되어 수용되었다. 통구사신총과 진파리4호분 벽화는 강력한 기운의 흐름을 배경으로 사물을 배치하는 남북조 미술 양식이 수용되는 과정을 잘 보여 준다(그림 8, 9).[6] 오회분5호묘 무덤 칸 모서리의 하늘을 받치는 괴수는 중국 남북조 후기의 석관묘나 묘지석 측면을 장식한 괴수들을 모델로 삼은 듯이 보인다.

후기 고분벽화의 대미(大尾)를 장식하는 강서대묘와 강서중묘는 고구려 문화의 저력을 재삼 확인시켜 주는 좋은 사례이다. 반세기 정도의 시간이 걸렸지만 남북조 미술 양식의 영향은 사라진 반면 수·당 시대 회화 양식은 영향을 주지 못하고 있다. 배경을 일체 생략하여 화면에 공간적 깊이를 더한 고구려식 사신 표현은 새로운 고구려 미술의 전형을 보여 준다(그림 10). 중국 남북조나 수·당의 사신처럼 특정한 동물을 모델로 그 이미지를 재현하려고 하기보다는 우주적 수호신으로서 사신의 이미지를 새롭게 창안하고 표현해 냈다고 할 수 있다. 강서대묘와 강서중묘 벽화의 사신은 상상력에 기초한 사실적 이미지가 잘 구현된 한 시대 최고의 회화 작품이라고 해도 과언이 아니다.

그림 8 통구사신총 벽화, 백호

그림 9 중국 북위 이주습묘 묘지개석 선각 백호 탁본

그림 10 강서중묘 벽화, 백호

2장

숨 쉬다!

이력이 있다

고분벽화는 무덤 칸의 벽과 천장을 캔버스로 삼아 그린 그림이다. 벽과 천장에 그림을 그리려면 몇 차례 사전 작업이 이루어져야 한다. 돌과 흙으로 쌓아 올린 벽과 천장은 울퉁불퉁하다. 그 위에 회를 발라 고른 면을 만들어 내야 한다. 벽돌로 쌓아 올린 무덤 칸 벽은 벽돌과 벽돌 사이에 깊은 골이 생기므로 먼저 백회로 골을 메운 다음 그 위에 회를 몇 차례 고르게 입혀야 벽화를 그려 넣을 수 있다. 커다란 화강암이나 대리석 판석을 차곡차곡 맞추어 올린 무덤 칸의 경우, 돌 면을 정성 들여 다듬고 그 위에 바로 그림을 그려 넣기도 한다.

초기와 중기의 고분벽화는 돌로 벽과 천장을 쌓아 생긴 면에 잘게 썬 짚과 횟가루를 버무린 흙을 두껍게 바르고 그 위에 거친 회를 두어 차례 덮는다. 마지막으로 고운 회를 얇게 덧입히면 그림을 그릴 캔버스가 완성된다. 그림을 그릴 때에는 먼저 밑그림을 그린 도면을 벽 위에 대고 먹바늘 같은 도구로 콕콕 찍어 넣으면서 그림 선이 회벽 위에 남게 한다. 그런 다음 도면을 떼어 내고 밑그림을 옮긴 먹바늘 선을 따라 붉은 먹으로 그림의 윤곽을 남긴다. 이런 작업이 마무리된 뒤에야 선 안에 색 넣기를 시작한다. 채색 작업이 끝나면 처음 넣었던 붉은 선 위에 검은 먹 선을 입혀 그림 윤곽이 또렷이 남게 한다. 화가는 주름치마의 주름선과 같은 반듯한 선을 긋기 위해 반듯한 자를 쓰기도 하고, 해와 달같이 완전한 원을 그리기 위해 곱자(컴퍼스)를 사용하기도 한다.

벽과 천장에 회를 바르고 그 위에 벽화를 그리는 기법을 화장

지법이라고 한다. 벽과 천장에 바른 회가 완전히 마르기 전 그림을 그려 넣는 기법을 습지벽화법, 회가 완전히 마른 상태에서 그림을 그리는 기법을 건지벽화법이라고 한다. 사계절의 변화가 뚜렷하고 여름이 덥고 습한 지안과 평양 일대의 고구려 고분벽화 제작에는 습지벽화법이 더 자주 선택되었다. 예외적으로 지안의 장천1호분 벽화에서는 습지벽화법과 건지벽화법이 모두 사용되었다. 벽화 제작에 습지벽화법을 적용하면 그림의 밝기는 조금 떨어지지만 안료가 회와 함께 말라 벽화를 오래 보존할 수 있다.

보통 건지벽화법은 건조한 기후 지역의 석굴사원 벽화 제작에 자주 선택된다. 중국의 신장 위구르 자치구의 불교 석굴사원 벽화는 대부분 건지벽화법으로 제작되었다. 타클라마칸 사막 가장자리 사암 절벽이나 계곡지대는 매우 덥고 건조하기 때문이다. 고구려 장천1호분 벽화에 습지벽화법과 건지벽화법이 모두 적용된 것은 이 고분의 벽화가 5세기 고구려의 동서 문물 교류의 정황을 잘 담아내고 있다는 사실과 관련이 있는 듯하다. 건지벽화법을 잘 아는 서역 출신 승려나 화가가 장천1호분 벽화 제작에 참여했거나 도움을 주었음을 의미하기 때문이다.

돌 면에 직접 벽화를 그려 넣는 기법을 조벽지법이라고 하는데, 고구려 후기 고분벽화는 조벽지법으로 제작된 사례가 많다. 후기 벽화고분은 화강암이나 대리석을 적당한 두께로 깁고 네모나게 자른 뒤 안쪽 면을 잘 다듬은 상태로 짜 올리는 방식으로 축조된 경우가 많아 조벽지법으로 벽화를 그리는 것이 상대적으로

용이하다. 후기 벽화고분이라도 대형 판석이 사용되지 않은 경우, 이전처럼 벽과 천장에 백회를 입힌 뒤 그 위에 그림을 그리는 방식으로 벽화가 제작되었다.

회벽에는 채색 안료가 스며들어 접착되기 쉽다. 그러나 회를 입히지 않은 돌벽에 안료를 잘 스며들게 하려면 침투력과 접착력이 좋은 아교로 안료를 반죽해야 한다. 후기 고분벽화 제작에 조벽지법이 적용된 것은 고구려 화가가 이전과는 다른 재료로 아교를 만들고 새로운 방식으로 안료와 아교를 섞었음을 의미한다.[7)]

갈색을 주로 사용하면서 자색과 황색, 녹색, 흑색 등을 더하면 화면의 분위기가 부드러워지고 차분해진다. 고분벽화에 갈색이 자주 사용되는 것도 이 때문이다. 일반적으로 갈색과 자색은 벽사(辟邪)와 재생(再生)의 이미지를 떠올리는 역할도 한다.

고분벽화에서 갈색과 자색은 무덤 안이 지상 세계의 건축물처럼 보이게 한 기둥과 도리의 채색에 자주 사용되었다. 붉게 칠해진 기둥과 들보, 도리는 강한 생명력을 담은 존재로 인식되기에도 적합하다. 일본의 장식고분 내부나 신사(神社) 건물의 기둥과 도리가 선홍빛 '주(朱)'로 채색되는 것도 붉은색에 부여되는 재생과 벽사의 능력 때문이다.

고분벽화 제작에 사용된 안료는 대개의 경우 광물질 가루로 만든 것이다. 석청, 석황, 석록, 자황, 백록, 주사, 자토 외에 금과 연분 등이 안료의 원료로 사용되었다. 안료로 쓰인 숯먹은 먹 선을 긋는 데도 쓰였다. 해초를 달여 만든 태교나 민어부레, 개가죽

풀과 같은 동물성 아교에 광물성 안료를 개어 벽화 채색에 사용하면 무덤 안의 높은 습도, 심한 일교차와 계절교차로 말미암은 온습도 변화를 오랜 기간 견뎌 낼 수 있었다.

고구려 화가들은 일교차와 계절교차가 심한 동북아시아의 자연환경을 고려하면서 벽화를 그렸다. 화가들은 밀폐된 공간이라도 외부 온습도 변화의 영향을 받을 수밖에 없는 무덤 안 공간의 회벽이나 돌벽에 잘 접착되어 변색도 안 되고 곰팡이 같은 미생물의 침식도 받지 않는 안료와 아교의 개발에 신경을 써야 했다. 돌벽 위에 바로 그린 강서대묘와 강서중묘 벽화의 사신(四神)이 1,300여 년 뒤에도 원형과 색채를 거의 그대로 유지할 수 있었던 것도 고구려 화가들이 여러 세대에 걸쳐 안료와 아교의 개발에 애쓴 결과이다.

대부분의 고분벽화는 밑그림을 바탕으로 그려지고, 채색되었다. 필요에 따라 수정도 가능했고 실제 수정되기도 했다. 회화용 붓으로 그린 회벽 그림일 때에는 특정한 부분에 얇게 회를 덧바른 뒤 새로운 선과 색채를 더하는 방식으로 수정되었다. 화면 전체를 회로 덮고 새로 그림을 그리는 경우도 있었다. 그러나 끝을 날카롭게 다듬은 죽필(竹筆)로 안료를 찍어 돌벽에 안료가 스며들도록 눌러 그린 그림일 때에는 수정이 쉽지 않았다. 해당 부분에 얇게 분을 덧입히고 수정 선을 더하는 정도로 마치는 수밖에 없었다.

안악3호분 벽화는 무덤 주인공의 얼굴, 손, 옷깃 위치 등을 여

그림 11 안악3호분 벽화, 무덤 주인

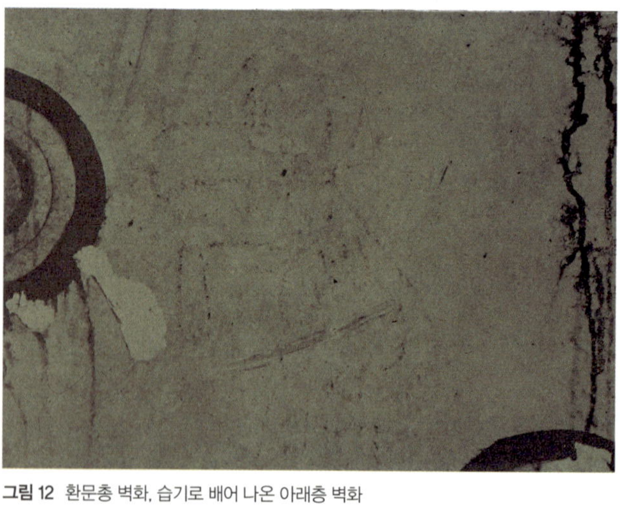

그림 12 환문총 벽화, 습기로 배어 나온 아래층 벽화

러 차례 걸쳐 수정한 경우이다(그림 11). 장천1호분 벽화에는 우주역사의 얼굴 여러 곳을 몇 차례 수정한 부분이 보인다. 장천1호분에서는 남녀쌍인 연화화생 그림을 회로 덮고 연꽃장식무늬를 새로 그린 부분도 확인된다. 환문총 벽화는 춤추는 장면을 포함한 생활의 일상적인 모습을 회로 다 덮어 버리고 동심원무늬를 새로 그려 넣는 식으로 벽화의 주제를 아예 바꾼 경우이다. 회로 덮인 아래층 벽화가 높은 습도로 벽이 젖자 바깥으로 일부 배어 나오면서 벽화를 두 번 그렸다는 사실을 알게 되었다(그림 12).

고분벽화는 고분이라는 특수한 건축물의 일부이자 1,300년 이전에 만들어진 회화작품이다. 때문에 보존과 관리가 대단히 어렵다. 일제강점기에는 거의 보호의 손길이 미치지 못했고 광복 후 이 유적을 관리하게 된 북한이나 중국은 경제적인 어려움 등 여러 가지 이유로 보존과 관리에 충분한 인력과 비용을 투입하지 못했다. 북한은 한국전쟁 동안 고구려 벽화고분이 파괴될 것에 대비해 화가들을 현장에 보내 일일이 실물 크기의 고분벽화 모사도(模寫圖)를 만들게 했다. 그러나 휴전 후에는 전후 복구 사업이며 남북 체제경쟁 심화 등을 이유로 유적 보존을 위한 투자를 제대로 하지 못했다. 근래에는 고립정책으로 심한 경제난에 빠지면서 고분 내부의 온습도를 일정하게 유지하는 데 필요한 기본적인 보존 조치도 하지 못하고 있는 실정이다.

광복 후 중국은 오랜 기간 고구려 유적에 대해 관리의 손길을 뻗치지 못했다. 근래에 들어 중국은 고구려사를 동북지역 지방왕조의 역사로 평가하면서 주요한 고구려 유적은 중점문물 보호단위로 지정하고 중앙정부 산하기관에서 직접 관리한다.[8] 그러나 중국의 고구려 유적은 외부의 접근과 연구를 통제하는 측면에서만 중앙정부 관리 대상일 뿐이다. 벽화고분과 같은 민감한 유적을 보존하고 관리하기 위한 인적·물적 투자는 제대로 이루어지지 못하고 있다. 실제 외부에서의 침입과 도난에 대한 대비는 상대적으로 허술하여 1990년대 후반에는 두 차례에 걸쳐 주요 고분벽화가 훼손, 절취되기도 했다.[9]

고구려 고분벽화 보존을 위한 중국 연구기관의 과학적 처리는 기초적인 수준에 머물러 있다. 1935년 발견 당시 비교적 잘 남아 있던 지안 각저총의 무덤 주인 부부도, 씨름도, 무용총의 사냥도, 무용도 등은 벽화의 상당 부분 백회가 떨어져 나가거나 벽화 안료가 탈색되었다(그림 13, 14). 현재는 이전의 상태를 짐작하기 어려운 정도이다. 지안의 오회분5호묘는 10여 년 이상 관광객에게 제한 없이 공개하는 바람에 돌방 안의 벽화가 크게 훼손되었다. 현재는 원래의 벽화를 거의 알아볼 수 없게 되었다.

광복 후 중국과 북한에서 이루어진 고구려 벽화고분 발굴조사 과정과 결과는 일부만 외부로 공개되었다. 당시의 발굴 여건으로 보아 벽화 상태에 대한 충분한 검토가 이루어지고, 벽화에 대한 정밀한 사진 촬영이 이루어졌는지는 불확실하다. 자료가 제대로 관리되었는지도 의심스럽다. 발굴 이후 취해진 유적 보존 조치에 대해서도 거의 알 수 없다. 보존 조치 이후 벽화의 상태가 시

그림 13 무용총 벽화, 1930년대 벽화 상태

그림 14 무용총 벽화, 1990년대 벽화 상태

간의 흐름에 따라 어떻게 바뀌었는지, 벽화 보존 상태가 정기적으로 점검되고 기록되었는지에 대해서도 알기 어렵다. 대다수 고분 벽화의 보존 상태도 외부로 알려지지 않고 있다.

고구려 고분은 만주·한반도의 기후, 환경에 적응할 수 있도록 돌과 흙, 짚, 석회를 재료로 삼아 숨 쉴 수 있는 구조로 만들어졌다. 벽화도 심한 계절교차나 일교차에도 장기간 원래의 상태를 유지할 수 있도록 제작되었다. 일반적으로 폐쇄된 무덤 칸 안의 습도는 매우 높다. 그러나 습도의 변화가 크지 않다면 광물성 안료가 녹거나 변색되는 정도는 최소한에 그친다. 20세기 초 고구려 벽화고분이 처음으로 발견되고 조사될 때 벽화가 생생한 사례가 많았던 것도 이 때문이다.

그러나 발굴 조사를 계기로 벽화고분 보존 환경이 이전처럼 유지되지 못하자 고분벽화는 빠른 속도로 훼손되면서 원형을 잃어가기 시작했다. 가장 큰 문제는 무덤 칸 온습도의 심한 변화였다. 보존 환경이 불안정해지면서 무덤 칸의 벽과 천장, 바닥에 이슬이 맺혔다가 마르는 현상이 되풀이되었다. 이 과정에서 안료가 녹아내리거나 변색되고 벽화가 그려진 곳에 곰팡이가 피어났다. 수분과 백회, 안료가 상호 반응을 일으키면서 염화칼슘과 탄산칼슘이 생성되어 벽화를 덮어 버리는 현상도 나타났다.

한때 중국의 연구자들은 이런 현상이 발생하지 않게 하려고 벽화 위에 화학안료를 뿌려 얇은 막을 형성시키는 보존 조치를 취하기도 했다. 그러나 오히려 이런 조치는 벽화 위에 비닐을 덮는 것과 같은 효과를 발휘해 벽화가 그려진 무덤 칸의 벽과 천장이 숨을 쉬지 못하게 만들었다. 결국 흙과 짚, 석회가 썩으면서 안료가 변색되고 사라지는 돌이킬 수 없는 결과를 초래하고 말았다.

고구려 벽화고분 보존에 가장 적합한 방법은 처음 만들어지던 상태로 돌이키는 것이다. 고분과 벽화에 대해 가능한 상세한 기록을 확보한 뒤, 사람의 출입이 불가능하도록 폐쇄하는 것이다. 무덤 칸 내부의 온습도가 안정적인 상태로 유지되려면 불가피한 방법이다. 수산리벽화분의 사례와 같이 이미 훼손의 정도가 심해 벽화층이 벽과 천장에서 떨어져 나왔을 경우, 장기간 원형 복구 작업을 진행하여 석회층을 벽과 천장에 접합시키고 무덤을 폐쇄하는 것도 한 방법이다.[10)]

2부

경험과 기억, 소망을 그리다

고분벽화에는 죽은 사람이 겪었던 이 세상 삶의 기억과 저 세상 삶의 꿈이 담겨 있다. 초기 고분벽화에 저 세상이 이 세상처럼 묘사된 것은 죽은 뒤의 세계도 살고 있던 곳과 같다고 생각했기 때문이다. 그러나 불교 신앙을 받아들인 사람들은 연꽃에서 태어난 자들을 위한 정토에서의 삶을 소망했다. 연꽃으로만 장식된 고분벽화가 등장하는 것도 이 때문이다. 청룡, 백호, 주작, 현무가 지키는 내세의 하늘 세계에서 살고 싶어 한 사람들은 무덤 안에 사신을 그리게 했다.

1장

그려진 꿈

경험과 기억, 소망을 그리다

고분벽화는 꿈을 담은 그림이다. 고분벽화는 무덤 안에 그려진 것이다. 살아 왔던 시간을 되돌아보기 위해서가 아니라 이 세상 너머, 저 세상에서의 삶을 미리 그려 낸, 죽은 이를 위한 그림이다. 고분 안을 그림으로 장식하는 관습은 역사시대 초기에 생겨났다. 기원전 2,400년 이전으로 거슬러 올라가는 이집트 고분에도 벽화를 그렸다. '이미 일어났던 일', 곧 과거를 회고하기보다 현재를 모델로 삼아 저 세상 삶을 나타내기 위한 그림이다. 경험과 기억을 바탕으로 소망과 기원을 묘사한 것이다.

무덤 안에 그리는 그림은 죽은 이를 위한 것이다. 궁전이나 저택, 사원이나 사당을 장식하는 벽화와 내용이 같은 부분도 있으나 목적과 기능에는 차이가 있다. 현실을 아름답게 꾸미거나 신성한 존재를 기리는 데 목적이 있는 것이 아니다. 죽은 이가 살 저 세상이 어떤 곳인지, 어떤 곳이어야 하는지를 나타내려는 의도에서 비롯된 그림이다. 물론 그림의 내용과 구성에는 남은 이, 죽은 이를 보내는 사람들이 누리려는 내세 삶의 모습도 담긴다. 앞선 이를 뒤따라 갈 사람들이 소망하는 새로운 삶도 그 위에 겹쳐진다고 할 수 있다.

2장

현재를 담다

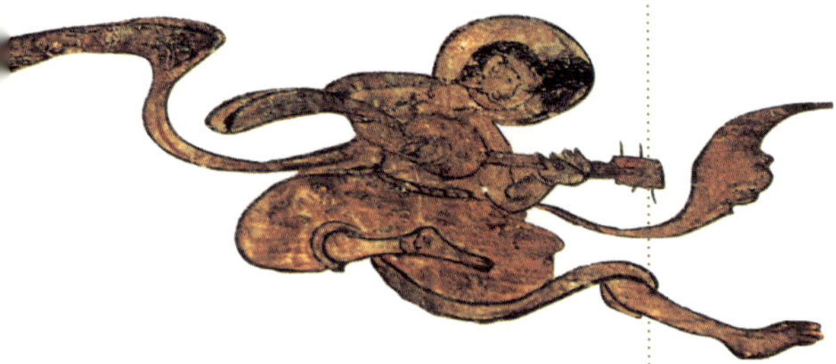

경험과 기억, 소망을 그리다

고분벽화는 그려지던 당시의 세상을 담는다. 이집트 벽화는 이집트를, 고구려 벽화는 고구려를 그린다. 고구려 벽화에는 고구려인이 살던 세상의 이모저모를 재현하여 후대의 사람들은 그 시대와 사람을 만날 수 있다. 생활풍속의 여러 장면을 담은 벽화에서는 그려진 시기의 사회에 널리 알려지고 익숙한 옷차림, 음식, 집과 여러 시설과 도구, 놀이를 눈으로 보고 머리로 읽을 수 있다. 벽화로 확인된 의식주와 놀이, 도구를 보고 이것을 누리고 즐겼던 사람들에 대해서도 알 수 있다. 벽화에 그려진 사람들의 모습뿐 아니라 그들의 생각이나 그들 사이의 관계, 그들이 만난 다른 세상에 대한 것까지 알거나 미루어 짐작할 수 있다.

안악3호분은 357년 제작된 벽화고분이다. 죽은 이의 관이 안치되었던 널방의 동쪽과 북쪽에 'ㄱ'자로 꺾인 10미터 길이의 회랑이 설치되고 벽에는 대규모 행렬도를 그렸다(그림 15). 행렬도의 등장인물은 250명가량이다. 행렬 중간에 있는 무덤 주인공의 수레 뒤에는 64명으로 구성된 대규모 악대가 묘사되었다. 각각의 악기를 다루는 악사들을 통해 우리는 4세기 중엽 고구려에서 어떤 악기로 음악을 연주했는지를 알 수 있다. 악대 구성방식과 행렬에서 중요시되고 적극적으로 다루어진 악기가 무엇인지도 눈으로 읽어 낼 수 있다. 벽화의 악기를 현실에서 재현해 낼 수도 있다.

행렬도의 악사들이 연주하는 악기를 통해 형태의 종류가 확인되는 것은 뿔나팔 두 종류 10개, 긴 피리 2개, 소 3개, 세운 북 1개, 멜북 1개, 메는 북 1개, 메는 종 1개, 손북 10개, 흔들 북 8개,

그림 15 안악3호분 벽화, 행렬도

징 2개 등이다. 나팔이나 피리 같은 관악기, 북이나 종으로 구성된 타악기가 대부분인 것은 행렬에서 주로 연주되는 음악이 관현악이 아닌 고취악인 까닭이다. 음악의 연주 목적이 행렬에 참가한 사람들의 힘과 기운을 돋우고 주인공의 권세를 과시하는 데 있기 때문이다. 고구려의 다른 고분벽화에서도 행렬도의 경우, 크고 작은 규모의 고취악대가 등장하여 악사들이 북과 징을 두드리고, 나팔과 피리를 부는 장면이 묘사된다.

고분벽화와 문헌기록으로 확인되는 고구려의 악기는 모두 36종이다. 현악기 10종, 관악기 13종, 타악기 13종이다. 부드러운 선율로 듣는 이의 마음을 편안하게 해 주는 공후, 비파, 현금 등 현악기 중에는 중앙아시아에서 고구려로 전해진 것도 여럿 있다. 고분벽화에 4현 비파나 5현 비파가 불교의 기악천에 의해 연주되는 악기로 자주 묘사되는 것은 이런 종류의 현악기가 중앙아시아에서 동아시아로 전해진 까닭이다.

관악기 중 가운뎃소리 울림이 큰 뿔나팔들은 고취악대에서도 중요시되는 악기로 군대의 행진 때 가장 긴요하게 쓰인다. 나팔의 크기와 갈래에 따라 작은 뿔나팔, 큰 뿔나팔, 외뿔나팔, 쌍뿔나팔 등으로 구분이 가능하다. 이름에서도 미루어 짐작할 수 있듯이 최초의 뿔나팔은 염소나 양의 뿔로 만들었다.

타악기인 북과 종, 징 등은 소리 울림이 클 뿐 아니라 빠른 박자로 연주하는 것도 가능하다. 군대 행진의 규모와 속도를 조절하는 데에도 효율적으로 사용할 수 있다. 앞에서 살펴본 안악3호분 행렬 악대가 연주하는 악기 13종 중 7종이 타악기인 데서도 행렬 진행에서 북과 종, 징이 지니는 영향력과 무게감이 크고 무겁다는 사실을 알 수 있다.

오래된 뿔나팔과 북은 신성한 힘이 내재된 악기라고 해서 나라의 보물로 귀중히 여겨지기도 했다. 고구려의 시조 주몽은 송양국과 나라 사이의 질서를 정하는 논쟁이 벌어지자 졸본부여가 더 오래된 나라임을 증명하려고 신하로 하여금 송양국의 보물이던 오래된 뿔나팔과 북을 훔쳐 오게 한다. 적이 오면 스스로 소리를 내 위험을 알렸다는 낙랑의 뿔나팔과 북은 낙랑공주, 호동왕자 사이의 비극적인 사랑 이야기에 얽혀 유명해진 경우이다.

뿔나팔과 북이 행진 음악 연주에 적합한 악기라면 비파와 피리는 춤과 노래의 반주에 쓸 수 있는 부드러운 선율과 소리를 낸다. 안악3호분 벽화에는 세 악사가 연주하는 6현금, 완함(비파), 긴 피리 소리에 맞추어 무용수 한 사람이 춤을 추는 모습이 묘사되었다. 무용수는 고개를 옆으로 돌리고 두 손바닥을 마주 댄 채 다리를 'x'자로 꼬고 서 있다. 자세로 보아 비교적 빠른 몸놀림으로 춤을 추는 듯이 보인다. 하지만 악사들이 연주하는 악기 가운데 북이나 징 같은 타악기는 보이지 않는다. 비록 빠른 몸놀림이 동반된 춤사위라도 격렬한 타악기 연주가 필요치는 않았다는 사실을 알 수 있다.

무용총 벽화의 춤추고 노래하는 장면은 춤추는 사람들을 이끄는 무용수 한 명과 두 발만 남은 사람, 두 줄로 선 무용수 다섯 명, 군무를 위해 노래 부르는 가수 일곱 명, 말을 탄 채 이들 사이에 서 있는 무덤 주인과 시동 한 사람으로 이루어졌다. 무용수 다섯 명과 이들을 이끄는 무용수 사이에 있던 사람은 본래 완함을 연주하던 악사라고 한다. 1935년 무용총 발굴 당시 희미하게 남아 있던 악사의 모습이 지금은 두 발 정도만 남아 있는 셈이다.[11] 다수의 무용수와 가수들이 출연하여 춤과 노래로 무덤 주인을 전송하는 장면에도 동원된 악기는 현악기인 완함 하나이다.

장천1호분 벽화에는 무용수 한 사람을 위해 한 악사가 오현금을 연주하는 장면이 묘사되어 고구려 춤의 반주에 적합한 악기로 주로 현악기가 사용되었음을 확인시켜준다(그림 16).[12] 이런 현악기 반주로 펼쳐지는 고구려 춤은 당나라 시인 이백이 노래했듯이 '새가 날개를 펼치며 멀리 요동에서 날아온 듯', 우아하게 발을 내딛다가 뒤로 빼고 부드럽게 몸을 돌리다가 넓은 소매 훨훨 휘젓는 춤사위로 널리 알려졌다.

안악3호분 행렬도의 중심을 이루는 주인공의 소 수레 앞에서 활과 칼을 든 채 악기 연주에 맞추어 춤추는 사람은 악대와 함께 등장하여 행렬 인물들의 흥을 돋우는 곡예사나 무용수이다. 약수리벽화분 행렬도에는 북과 뿔나팔 등으로 고취악이 연주되는 중에 공과 짧은 막대 여럿을 엇바꾸어 던지고 긴 막대 여럿을 공중에 번갈아 던져 올리는 재주꾼들을 등장시켜 주인공과 행렬 참가자들의 눈길을 쏠리게 한다.

팔청리벽화분에는 고취악대의 연주와 악사의 완함 반주에 맞

그림 16
장천1호분 벽화,
오현금 연주에 맞춘 춤

그림 17 팔청리벽화분 벽화, 곡예 모사선화

추어 춤추듯 곡예를 펼치는 재주꾼 네 명이 등장한다(그림 17). 긴 장대를 다리로 삼아 걸으며 춤추는 사람, 여러 개의 막대와 공을 번갈아 던져 올리고 받는 사람, 긴 검을 쥐고 흔들며 칼 재주를 보이는 두 사람의 표정에는 신명과 흥, 긴장감이 교묘하게 어우러져 있다. 수산리벽화분이나 장천1호분 벽화의 사례로 보아 고구려에서 곡예는 귀족의 저택이나 귀족의 나들이 중에도 흥을 돋우는 놀이의 하나로 펼쳐졌다.

고분벽화 행렬도 등장인물들에서 고구려의 귀족, 남녀 시종의 복식을 알 수 있다. 고구려 남자의 기본 옷차림은 저고리와 바지였으나 귀족의 옷은 옷소매와 바짓가랑이가 넓고, 여러 색으로 염색되고, 꽃점무늬 같은 아름다운 무늬로 장식되었다. 게다가 옷감은 비단이나 고운 베였다. 그러나 일반 백성과 노비들은 염색하지 않은 무명이나 거친 베로 만든 저고리, 바지 차림이고 저고리 소매와 바지통이 좁았다는 사실을 알 수 있다. 물론 여자는 바지 위에 치마를 덧입는 것이 일반적이었다.

사람처럼 갑옷과 투구로 무장한 말을 타고 긴 창을 세워 든 채 앞으로 나아가는 기사들, 활을 메거나 도끼와 고리 자루 긴 칼을 어깨에 걸친 채 행진 중인 병사들은 고구려 군대의 복장, 위계질서, 무기 등을 일목요연하게 보여 준다. 투구에 꽂은 풍성한 깃으로 귀족 신분임을 드러낸 기사들은 가벼우면서도 내구성이 높은 비늘 갑옷 차림이며 말에게도 투구를 씌우고 갑옷을 입혔다 이들이 철기(鐵騎)로 불리며 고구려 군사력의 중추를 담당하던 존재라는 사실을 미루어 짐작할 수 있다.

행렬 주인공이 탄 수레를 좌우로 둘러싼 첫 번째 행렬 병사들은 어깨에 활을 걸고 허리에는 화살통을 찼다. 활에 줄을 걸었다는 사실에서 이 병사들은 언제라도 화살을 쏠 준비가 되어 있는 상태라고 할 수 있다. 두 번째 행렬의 병사들은 모두 어깨에 도끼를 걸쳤다. 이 도끼들은 의장용이 아니라 전투용이었다고 보아야 한다. 두 번째 행렬에서 보듯 앞에서 걷는 병사들은 칼집 아래 위에 줄을 걸어 방패를 매단 긴 칼을 어깨에 걸친 상태이다. 이 벽화를 통해 칼을 쓰는 병사들은 행진할 때 고리 자루 긴 칼을 어깨에 길게 걸친다는 사실을 알 수 있다.

행렬 주인공이 탄 소 수레를 통해 당시의 왕공귀족들이 사용하던 탈것의 형태와 운행 방식을 알 수 있다. 중국 위·진 시기에도 왕공귀족들이 소 수레를 타고 다니는 관습이 있었음을 감안하면 당시 동아시아에서는 높은 신분의 귀족들이 소 수레를 타는 것은 자연스러운 일이었다. 고구려에서도 귀족 전사들이 전투에 나설 때에는 갑옷과 투구로 무장하고 말을 탔으나 평상시에는 소 수레를 타고 다녔음을 알 수 있다.

안악3호분 벽화의 부엌, 고기 창고, 차고, 디딜방아, 우물, 외양간, 마구간 등으로 고구려 귀족 저택의 시설과 용도를 알 수 있다. 부엌은 음식을 조리하는 공간과 상을 차리는 공간이 나뉘었다(그림 18). 아궁이에 불을 지피고 부뚜막 확에 걸친 솥 위 시루 안에서 조리되는 음식을 국자로 휘젓는 장면, 10여 개의 개인 음식상을 겹쳐 놓고 하나씩 상 차리는 모습이 생생하게 표현되었다. 음식을 조리 중인 부뚜막은 불 넣는 아궁이와 연기가 나가는 굴뚝이 'ㄱ'자 방향으로 두 번 꺾이고, 조리를 위한 확과 굴뚝 사이에 거리가 있는 전형적인 고구려식이다. 고구려 부뚜막이 확과 굴뚝 사이에 거리를 두도록 만들어진 것은 음식 조리와 난방을 겸하는 시설이었기 때문이다.

벽화에 묘사된 부뚜막은 고구려 고분에서 도제 및 철제 모형으로도 여러 차례 출토되었다. 죽은 이의 저 세상 삶에서도 필요한 시설이자 도구로 여겨졌기 때문일 것이다. 조리와 난방을 겸하도록 만들어졌다는 점에서 고구려 부뚜막은 이웃하던 중국 왕조 유적 출토 부뚜막과 다르다. 중국에서 부뚜막은 음식 조리만을 위해 만들어지고 사용되었기 때문이다. 중국의 부뚜막은 불 넣는 아궁이와 연기가 나가는 굴뚝이 '一'자를 이루며 확과 굴뚝 사이의 거리가 좁은 것도 순수한 조리용 시설임을 잘 보여 준다.

고구려 유적의 온돌 시설에서 확인할 수 있듯이 부뚜막의 확에서 굴뚝 사이의 난방 공간을 실내로 연장시키면 아궁이에서 불을 땐 뒤의 뜨거운 기운이 지나가는 '一'자나 'ㄱ'자 통로가 만들어진다. 이것이 초기 온돌에서 자주 발견되는 한 줄짜리 외고래 구들이다.[13] 물론 구들돌을 데운 뜨거운 기운 중 남은 열과 불을 때면서 발생하는 연기는 마지막에 굴뚝을 통해 빠져나간다. 아궁이에서 한 번 땐 불은 음식을 조리하는 데도 쓰고 방바닥을 데우는 데도 쓴 것이다.

그림 18 안악3호분 벽화, 부엌

그림 19 각저총 벽화, 주인 부부의 식사 모사도

아궁이 하나에 확이 하나인 고구려식 부뚜막은 음식상 차림을 따뜻한 주식, 찬 부식으로 구성하게 한다. 고구려 사람들로 하여금 주식인 밥이나 죽은 따뜻하게, 반찬은 절임이나 무침, 데침, 찜 등으로 만들되 차가워도 되는 상차림에 익숙하게 만든 것이다. 물론 이런 음식 구성은 온돌을 기본 난방으로 삼는 생활을 전제로 한다. 온돌이 발견되는 고구려 유적이 주로 군인이 주둔하는 요새나 작은 성, 관청, 사원 터, 혹은 소규모 주거지 등임을 감안할 때 왕공귀족들에게도 차가운 반찬, 따뜻한 밥과 국으로 식사하는 관습이 있었는지는 확실하지 않다.

그러나 온돌로 이어지는 조리 및 난방 겸용 부뚜막 구조가 고구려 음식이 주식과 부식으로 나뉘도록 영향을 끼쳤을 것은 확실하다. 조리용으로만 사용된 중국식 부뚜막에 여러 개의 확이 있어 동시에 여러 종류의 따뜻한 음식을 만들 수 있으며, 결국 음식이 주식과 부식의 구별 없이 일품요리 위주로 발전할 수 있게 만든 것과는 대비된다. 고구려식 부뚜막에서 기원한 음식 구성은 후대로 이어져 오늘날 한국인 누구에게나 익숙한 상차림으로 이어졌다고 할 수 있다.

안악3호분에서 볼 수 있는 음식 조리와 상차림은 각저총과 무용총 벽화에 묘사된 상 나르기와 식사로 이어진다. 고분벽화를 남길 정도의 귀족이면 음식을 들면서 시중의 시중은 받게 마련이다. 각저총 벽화는 주인과 두 부인이 각각의 음식상을 받았음을 확인시켜 준다(그림 19). 물론 귀족 신분이었던 만큼 주인과 두 부인이 받은 음식상의 그릇들은 검은 옻칠로 마무리된 칠기(漆器)다. 5세기경 고구려 뿐 아니라 동아시아 일대에서 칠기는 금제, 은제 그릇에 밀리지 않는 최고급 그릇이었다.

안악3호분 벽화 속 남녀 주인이 각각 앉아 있는 평상과 둘레의 장방, 부엌, 고기 창고, 차고, 디딜방아, 우물, 외양간, 마구간 등과 덕흥리벽화분에 묘사된 각종 시설과 남녀 시종들이 일하는 모습을 보면 고구려 귀족 저택의 내부 구조와 각 시설의 용도를 알 수 있다.[14] 벽화로 확인되는 고구려 귀족 저택은 별개의 두 공간으로 나뉜다. 남자 주인이 거주하며 귀족 남자로서 업무를 보고 외부 손님을 맞는 곳이 바깥채인 사랑채라면 저택의 살림살이 전반을 관장하는 여주인의 공간이 안채이다. 시종들의 주거인 행랑채, 손님이 지낼 수 있는 문객채는 사랑채 둘레에 배치하며, 수레를 두는 차고, 외양간, 마구간 등은 바깥채와 안채를 나누는 경계에 만든다. 일상의 의식주와 직접 관련 있는 다양한 시설, 다락 창고, 고기 창고, 부엌, 방앗간, 우물 등은 노부모나 자녀들이 지내는 별채와 함께 안채 공간에 있다. 기능적으로 잘 나뉜 이런 유형의 주거 구조는 후대로 계승되어 조선시대까지 거의 그대로 유지된다.

덕흥리벽화분에는 기사가 말을 타고 달리면서 활로 과녁을 맞혀 떨어뜨리는 경기 장면이 묘사되어 있다(그림 20). 이 장면의 한쪽에는 '마사지희(馬射之戱)'라는 한자가 쓰여 있다. 문자 그대로 '말 달리며 활쏘기 놀이'다. 화면에는 말 위에서 자기 차례를 기다

그림 20 덕흥리벽화분 벽화, 마사희

그림 21 무용총 벽화, 사냥 모사도

리는 사람, 말을 타고 달리면서 나란히 일정한 간격으로 꽂힌 말뚝 세 개 위 네모진 과녁을 활로 겨누는 사람, 앞서 말을 달리다가 몸을 틀어 뒤로 돌린 채 과녁을 향해 화살을 날리려는 사람, 경기를 마친 듯 무대 바깥으로 말을 달려 나오는 사람 외에도 기록판과 붓을 든 기록원, 그 뒤에 나란히 선 채 경기와 기록 장면을 유심히 보는 두 사람 등 모두 일곱 명이 등장한다. 경기장에 세워진 여러 개의 말뚝 중 두 개는 화살에 맞은 과녁이 떨어져 나간 듯 가늘고 긴 말뚝 상태로만 있다.

문헌기록으로 남아 있는 시조 왕 주몽의 이야기에도 나오듯이 고구려 남자들에게 활쏘기와 말타기는 일상생활의 일부였다. 어쩌면 모든 고구려 남자에게 요구되는 필수 조건이자 능력이었는지도 모른다. 비록 어릴 때부터 말 타고 활 쏘는 능력을 갖추려고 애쓴다 해도 말 타고 달리면서 몸을 뒤로 틀어 과녁을 맞히기는 힘든 일이다. 사실 말을 타고 달리면서 활을 쏘기도 만만치 않다. 말을 타고 달리면서 고삐 줄을 놓는 것도 위험한데, 두 손으로 활과 화살을 잡고 시위를 당기기란 여간 어려운 일이 아니다. 게다가 한술 더 떠 몸을 틀어 옆이나 뒤로 화살을 날린다는 것은 생각지도 못할 일이다.

고구려 고분벽화에는 기사가 말을 타고 달리며 활을 쏘는 장면이 자주 나온다. 주로 사냥 중에 이루어지는 일이다. 잘 알려진 무용총 벽화 사냥 장면 속의 사냥꾼들은 모두 말을 탄 채 활을 다루는 모습이다(그림 21). 화가는 쫓고 쫓기는 사냥터에서의 긴박감과 속도감을 잘 드러내기 위해 산줄기를 물결처럼 그렸다. 말을 재촉하며 빠르게 달리는 사냥꾼이나 급히 달아나는 짐승들에게는 숲이며 산 능선이 제대로 보일 리 없다. 오죽하면 '달리는 말 위에서 산 보듯이'라는 속담이 있겠는가?

무용총 벽화 사냥도에서도 깃 장식 절풍을 머리에 쓴 인물은 빠르게 말을 달리면서 몸을 틀어 뒤로 돌린 채 사슴 한 쌍을 향해 활줄을 한껏 당긴 상태이다. 아마 겨냥한 활시위를 놓는 순간이리라. 다음 장면은 그려지지 않았지만 시위를 떠난 화살은 '윙' 하는 소리와 함께 사슴의 복널비에 정확히 꽂혔을 것이다. 화면의 맨 위에 가장 크게 그려지고 절풍의 깃도 많은 것으로 보아 무덤 주인임이 확실하다. 그가 사냥하려는 자색의 사슴들은 하늘에 세사를 지내는 희생제물로 쓸 참이리라.

물결처럼 흐르는 산줄기 아래 호랑이를 향해 화살을 쏘는 말 위의 인물은 주인공보다 신분이 낮다. 머리에 쓴 새 깃 장식 절풍으로 알 수 있다. 머리에 검은 두건을 쓴 사냥꾼은 이 사냥도의 등장인물 가운데 신분이 가장 낮다고 할 수 있다. 그는 화면의 맨 아래에 있어 보는 이에게 가장 가깝지만 오히려 작게 그려졌다. 인물 크기를 다르게 함으로써 신분과 지위의 차이, 혹은 중요한 정도를 읽게 하는 화법이 적용된 경우라고 할 수 있다.

안악3호분 행렬도에서 알 수 있듯이 모자는 사람의 신분과 지위를 드러내는 1차적 표지였다. 때로 모사는 직업이나 종족과도 관련이 있는데, 전근대사회에서는 남자가 쓴 모자만으로도 그가 속한 종족, 직업, 지위 등을 파악할 수 있었다(그림 22). 고분벽화의 등장인물 가운데 남자들이 머리에 쓴 모자를 눈여겨볼 필요가 있다.

관은 왕과 가장 높은 등급의 귀족 관리들이 쓴다. 내관으로 상투 부분을 덮고 그 위에 외관을 썼는데, 라(羅)라는 고운 비단으로 짠 것이어서 라관으로도 불렸다. 라관도 다섯 가지 색깔로 구분하여 등급을 나누었으며 가장 높은 등급인 왕은 하얀 라로 짠 백라관을 외관인 덧관으로 썼다. 태수며 장군에 해당하는 고위 관리들은 머리에 책(幘)으로 불리는 모자를 썼다. 둥글게 머리를 덮은 덮개의 뒤쪽이 뿔처럼 솟았으며 갈래가 둘인 것이 하나인 것보다 등급이 높았다.

고깔 형태의 모자인 절풍은 고구려인 고유의 모자이다. 관리가 아닌 귀족의 자격으로 썼으며 대가로 불리던 상급 귀족들만 모자에 새깃을 꽂아 장식할 수 있었다. 하급 귀족인 소가는 깃 없는 절풍을 썼다. 상급 귀족이라도 장식한 새 깃의 수로 위아래를 알 수 있었으며 최고 등급의 귀족은 절풍에 은깃, 금깃을 꽂았다.

귀족이라도 사냥을 나가거나 일상의 편안한 시간을 보낼 때는 보통의 남자들처럼 검은 두건으로 머리를 싸매는 경우도 있었다. 이외에 패랭이처럼 신분이나 지위 고하를 따지지 않고 머리에 쓰는 모자도 있었다. 군인의 무장용구인 투구도 위에 장식깃을 꽂는지의 여부, 얼마나 많은 새깃 장식을 하는지로 군관과 병사의 계급을 알 수 있었다.

그림 22 고구려 고분벽화의 모자 쓴 남자들

(1. 안악3호분, 2. 쌍영총, 3. 수산리벽화분, 4. 동암리벽화분, 5. 덕흥리벽화분, 6. 수산리벽화분, 7. 무용총, 8. 쌍영총, 9. 동암리벽화분, 10. 개마총, 11. 삼실총, 12. 덕흥리벽화분, 13. 동암리벽화분, 14. 덕흥리벽화분, 15. 무용총, 16. 통구사신총, 17. 안악3호분, 18. 감신총, 19. 안악3호분, 20. 삼실총)

고구려 남자들이 모자를 쓰지 않고 상투를 그대로 드러낼 때는 씨름이나 수박희 같은 격투기 놀이를 할 때뿐이다. 웃통은 벗고 상대 허리에 걸린 샅바를 손에 거머쥔 채 온 힘을 다해 밀고 당기는데 모자를 쓰고 있다면 씨름 터를 둘러선 구경꾼들이 보기에도 민망할 것이다. 팔과 다리를 휘두르며 상대의 빈틈을 노리는 반바지 차림의 두 역사가 머리에 모자를 썼다면 이것이 거추장스러워 어디 마음대로 손발을 놀릴 수 있겠는가? 왕공이나 귀족들 앞에서 펼치는 곡예에 몰두할 때도 재주꾼들은 모자를 쓰지 않는다. 말을 다루거나 수레를 끌거나 여러 가지 허드렛일을 하는 경우에도 마찬가지다. 일의 성격상 모자를 쓰면 오히려 불편한 까닭이다. 만약 상투를 드러내기 싫으면 검은 두건이라도 간단히 두르는 수밖에 없으리라.

남자들과 달리 고구려 여인들은 특별한 경우가 아니면 모자를 쓰지 않았다. 귀족 여인들은 외출할 때 '건귁'이라고 하여 머리에 하얀 두건을 쓰기도 했으나 누구나 그러지는 않았다. 여인들은 국가의 관리 직무를 맡지도 않고 사회 활동을 하면서 신분, 지위를 과시할 기회도 없었다. 굳이 모자를 쓸 필요가 없었을 수 있다. 그러나 여인의 머리 장식과, 입은 옷이 어떻게 염색되고 어떤 무늬로 장식되었으며 어떤 옷감으로 만든 것인지만 보아도 그것을 입은 사람의 신분, 지위는 충분히 확인할 수 있다(그림 23).

고분벽화로도 알 수 있듯이 귀족 부인이나 가까이서 그녀들을 모시는 여인이 아니면 고리 튼 머리나 높게 올린 머리에 화려한

그림 23 고구려 고분벽화의 여인들

(1. 천왕지신총, 2~6. 안악3호분, 7. 덕흥리벽화분, 8. 감신총, 9. 각저총, 10. 삼실총, 11. 수산리벽화분, 12. 삼실총, 13. 쌍영총, 14. 수산리벽화분, 15. 무용총, 16. 장천1호분, 17. 삼실총, 18. 무용총, 19. 수산리벽화분, 20. 덕흥리벽화분)

장식을 꽂을 수 없었다. 색동치마는 귀족 여인만 입을 수 있는 옷이었으며 귀족부인을 모시는 시녀들은 단순한 주름치마로 만족해야 했다. 귀족 가문의 시녀나 평범한 신분의 여인이 입술에 붉은 연지를 바르고 볼과 이마에 붉은 꽃무늬를 넣을 여유 있는 시간을 확보하기는 쉽지 않았을 것이다. 어쩌다 잠시 짬이 난다 싶을 때라도 모시는 귀족 부인이 화장을 고쳐 달라고 호출하면 청동거울이나 화장합을 들고 재빨리 안채 넓은 방으로 들어가야 하지 않았겠는가?

고분벽화를 통해 우리는 유적에서 출토된 유물의 구체적인 용도를 알 수 있다. 통구12호분 벽화의 전투 장면과 삼실총 벽화의 무덤을 지키는 무사의 모습에서는 죽은 이를 기리기 위해 단순히 무덤에 껴묻는 용도로 만들어졌다고 오해되기도 했던 못신이 실제 전투에서도 사용되었음을 알 수 있다. 통구12호분 벽화에는 패배한 적의 군관을 참수하는 고구려 군관이 묘사되었다. 그는 갑옷과 투구로 무장하고 발에는 바닥에 뾰족한 못이 여러 개 달려 고슴도치의 가시 역할을 한 못신을 신었다. 삼실총 벽화의 갑주무사 역시 못들의 뾰족한 부분이 바닥을 향한 못신을 신었다. 이런 장면들로 볼 때 갑옷을 입고 투구를 쓴 고구려 기사들이 목이 긴 가죽신에 금속제 못신을 덧신은 채 말을 타고 전장을 누비면 적의 보병들이 가까이 다가가기는 어려웠을 것으로 보인다.

3장

새로운 세상과의 만남

경험과 기억, 소망을 그리다

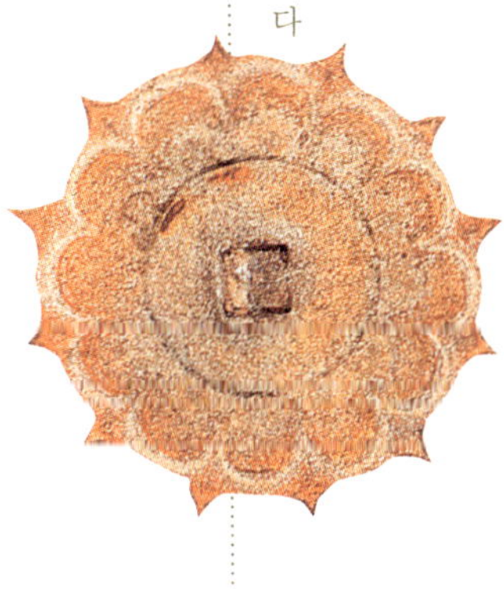

고분벽화에는 고구려인이 만난 다른 세상, 새로운 세계도 담겨 있다. 5세기 중엽 축조된 평양의 동명왕릉은 427년 평양으로 서울을 옮긴 뒤 고구려의 시조왕릉을 새로 만든 경우이다. 눈길을 끄는 것은 상당한 규모의 무덤 칸 내부가 온통 연꽃으로 장식되었다는 사실이다. 축조 시기가 비슷한 졸본(랴오닝성 환런현)의 장군묘도 마찬가지다(그림 24). 무덤 칸을 불교에서 말하는 정토로 만든 것이다. 현실에는 존재하지 않는 불교의 낙원 정토가 죽은 이를 위한 공간에 들어온 것이다.

인도에서 출현한 불교가 동아시아로 전해진 것은 기원 전후다. 그 이전부터 초원의 길이나 바닷길로 간간이 한 자락씩 전해지기는 했으나 불상이나 경문을 몸에 지닌 불교 승려가 기원전부터 동아시아 나라에 발길을 디뎠는지의 여부는 확실하지 않다. 중앙아시아의 산악과 사막지대를 가로지르고 동남아시아의 바닷길을 지난 불교 전파의 손길이 중국에 이른 것은 1세기 중반 후한시대이다. 불교신앙이 백성들 사이에 화제가 된 것은 3세기부터이다. 고구려에 불교가 알려져 새로운 신앙의 상징인 연꽃이 벽화로 그려지기 시작한 때는 4세기이다.

불교가 전해지기 전 동방사회에서 연꽃은 태양, 혹은 하늘을 나타내는 상징으로 여겨졌다.[15] 그러나 불교가 전해지자 연꽃은 불교적 깨달음, 불교의 낙원인 정토를 나타내는 것으로 재인식되었다. 동아시아에 불교신앙이 확산되면서 연꽃은 이 새로운 종교의 상징이 되어 불교사원을 장식하는 데 쓰였다. 뿐만 아니라 귀

그림 24 환런 장군묘 내부

족들이나 부유한 사람의 저택 못에도 심어 정토에서의 새 삶을 구하는 신앙인의 소망을 드러내는 수단이 되었다. 오늘날 석가탄신일에 연꽃등으로 사원을 장식하는 관습도 정토왕생을 구하는 불교신앙인의 간절한 소망에서 비롯된 것으로 연원이 매우 오래되었다고 할 수 있다.

고구려에 공식적으로 불교가 전해지고 받아들여진 해는 372년이다. 소수림왕은 전진 왕 부견이 보낸 승려 순도와 아도를 위해 국내성에 불교사원 성문사와 이불란사(伊弗蘭寺)를 세우고 백성들이 불교신앙을 가지는 것을 허용했다. 이미 랴오둥 지역을 통해 동방에 전해졌던 불교를 백성들이 자유로이 믿을 수 있게 되자 국내성은 동방 불교의 중심으로 떠올랐다. 중앙아시아에서 고구려까지 불교신앙을 전파하러 온 이국적 용모의 승려들이 동방의 제국 고구려에서 처음으로 터 잡는 곳도 국내성이었다. 순도와 아도가 불경과 불상을 가져왔듯이 서방에서 새로 온 승려들 역시 불교신앙의 원전과 불교문화의 산물을 함께 가져왔다.

장천1호분 벽화에 묘사된 남녀쌍인 연화화생은 이 무덤의 주인공 부부가 정토에 함께 태어나기를 간절히 소망하고 마침내 실현해 냈음을 나타낸다. 장천1호분은 앞방의 정면 천장부에 귀족 부부가 비천들로 둘러싸인 여래에게 엎드려 절하는 모습을 그리고, 천장부 오른쪽 벽과 왼쪽 벽에는 가운데의 여래를 향해 선 각 4구의 보살을 묘사했다. 이런 식의 벽화 배치로 말미암아 장천1호분 안에 들어선 이는 불교사원 내부에 들어온 듯한 느낌을 받는다. 남녀쌍인 연화화생은 앞방 정면 천장부 예불 장면 좌우에 묘사되었다. 물론 연화화생하는 두 사람의 현실 속 모습은 예불 중인 귀족부부라고 해야 한다(그림 25).

불교에서 연화화생은 생명이 태어날 때 맺어지는 부모와 자식 사이의 인연이 성립하지 않는 탄생법이다. 불교의 인연설에 따르면 모든 생명이 과거부터 현재, 다시 미래로 이어지는 갖가지 인연과 수많은 업(선업과 악업)으로 말미암아 하늘, 인간, 아수라, 축생, 아귀, 지옥으로 나뉘는 6개의 세계를 전전하며 나고 죽기를 반복한다. 생명이 완전한 자유를 누리려면 인연과 업에서 벗어나야 하는데, 그 출발점이자 해결 방안이 연꽃에서 태어나 실타래처럼 엉킨 인연의 끈을 끊는 것이다. 사람이 어머니의 뱃속에서 나지 않고 연꽃에서 난다면 그는 모든 인연에서 자유로운 존재가 된다. 불교의 낙원인 정토는 생로병사와 전혀 관련이 없는, 윤회의 수레바퀴를 벗어난 새롭고 자유로운 삶의 공간이다.

연화화생은 성스러운 존재의 탄생법이다. 간다라부터 중앙아시아, 중국에 이르기까지 불교미술이 꽃핀 곳에서는 어디나 연화화생이 묘사되거나 조각되었다. 생명이 연꽃에서 태어난다는 관념은 예술가가 아니라도 상상력을 자극했으므로 연화화생은 불교와 관련된 이야기의 소재가 되기도 하고 조소나 회화, 공예 기법을 통해서도 자주 형상화되었다. 또한 어떤 경우에도 하나의 연꽃에서 하나의 생명이 태어나는 모습으로 표현되었다. 정토에서만 일어날 수 있는 무생명인 보주(寶珠)조차 연꽃에서는 하나만

그림 25 장천1호분 벽화, 예불

출현하는 것으로 묘사되었다. 연화화생은 '인연으로부터의 자유'가 전제된 관념인 까닭이다.

그런데 고구려 장천1호분 벽화에서는 부부의 인연을 맺었던 두 남녀가 하나의 연꽃에서 동시에 탄생하는 장면이 묘사된 것이다(그림 26). 성총이니 삼실총 등 다른 고분벽화에서는 당연히 연화화생하는 사람이 하나다(그림 27). 벽화 중 예불도, 보살도, 비천도 등으로 보아 장천1호분에 묻힌 고구려인 부부는 연화화생이라는 관념이 지닌 본래의 의미를 알고 있었을 가능성이 높다. 그럼에도 화가로 하여금 남녀쌍인 연화화생을 그리게 한 것은 연화화생의 본래의 의미를 거스르더라도 정토에서의 부부 화생을 꿈꾸었기 때문일 것이다.[16] 연화화생 장면을 백회로 덮으면서까지 장천1호분의 널방을 온통 연꽃으로 장식한 것도 무덤 주인공 부부가 내세에서의 삶이 연화장 세계가 되기를 간절히 꿈꾸었다는 증거로 받아들여야 할 듯하다.

고구려에 전한 불교신앙이 사회에 널리 퍼지자 고구려인의 일상과 사고방식은 이전과 많이 달라졌다. 승려를 앞세운 귀부인의 공양 행렬을 쉽게 볼 수 있게 되었고 귀족의 저택 정원 한쪽에서 칠보공양 행사를 치르는 장면도 목격되었다. 귀족가문의 후원 아래 불교사원에서 죽은 이의 정토왕생을 기원하는 의례가 펼쳐졌음은 물론이다. 연꽃으로 장식된 고분벽화가 등장하여 유행하는 것도 이러한 사회적 흐름의 연장이라고 할 수 있다.

불교의 전파로 고구려 사람들이 겪은 가장 큰 변화는 내세관

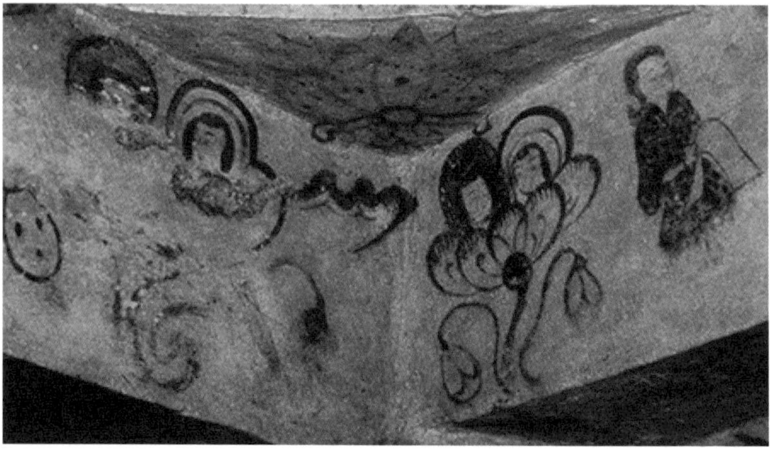

그림 26 장천1호분 벽화, 연화화생

그림 27 삼실총 벽화, 연화화생

이다. 오랜 기간 당연하게 여기던 내세의 모습이 달라진 것이다. 죽은 뒤 살게 될 세상이 생명이 나온 조상신의 세계요, 이 세상에 살면서 이룬 신분과 지위가 그대로 유지되는 곳, 이 세상과 사회 질서며 인간관계가 같다는 믿음에 대해 불교는 '그렇지 않다!'라고 했기 때문이다. 생명은 태어나고 죽기를 거듭하며 새로 태어날 때마다 이전의 삶과는 다르다는 것이다. 죽은 뒤에도 특정한 어떤 곳에 가서 편안히 있는 것이 아니라 여섯 개의 서로 다른 세계 중 하나에 다시 태어난다는 것이다. 물론 다시 태어나는 곳은 이전의 수백 번 삶을 통해 지은 선업과 악업이 쌓이고 정리된 결과이므로 지옥이나 아귀가 될지, 축생이나 아수라일지, 인간세계나 하늘일지 본인은 알지 못한다는 것이다.[17] 말 그대로 삶의 원리에 대한 일정한 깨달음을 지니고 있지 않은 한 이전의 삶은 기억하지 못한다. 다만 확실한 것은 현재의 삶이 과거의 업에서 비롯되었다는 것뿐이다.

고구려 무용총 벽화 속 무덤 주인이 차려 놓은 음식상은 거들떠보지도 않고 두 승려와 이야기를 나누는 데 몰두한 것도 불교의 이런 가르침 때문일 것이다(그림 28). 만일 이게 사실이라면 이 고구려 귀족은 내세의 새로운 삶을 위해 적극적으로 선업을 쌓아야 한다. 승려의 설법에 귀를 기울이고 불교사원에 가 예불 공양을 하며 땅과 재산을 절에 시주하고 가난하고 헐벗은 이들을 도우며 정직하고 반듯하게 살아가도록 힘써야 한다. 가능하면 선업을 적극적으로 쌓아 내세에는 하늘이 아니라 여섯 세계의 윤회에

그림 28 무용총 벽화, 주인과 두 승려의 대화

서 벗어나 정토에 태어나는 게 좋다. 그러면 더 이상 윤회의 수레바퀴에 갇힌 삶을 겪지 않아도 되니까. 고구려 고분벽화에 한두 송이씩 연꽃이며 연봉오리가 표현되다가 어느 순간 하늘을 나타내는 천장을 덮고, 마침내 벽과 천장을 가득 채우게 되는 것도 불교의 이런 가르침 때문일 것이다. 연꽃으로만 장식된 무덤 칸은 윤회에서 벗어나 정토에서 새로 태어나기를 바라던 무덤 주인의 간절한 소망의 표현이자 이런 꿈을 이룬 현장, 곧 내세 정토이다.

고구려에 불교가 전해지는 과정에서 중앙아시아와 서아시아, 인도로부터 낯설고 새로운 문화가 동방세계로 전해졌다. 종교와 함께 사람과 여러 가지 도구, 관념, 다양한 장르의 미술 등이 고구려에 전해진 것이다. 서방의 새로운 문화는 주로 서역 출신 불교 승려들을 통해 고구려에 들어왔으나 이들을 동방세계로 안내하거나 이들과 함께 들어온 서역 사람들을 통해서도 전해졌다.

장천1호분 벽화에는 다수의 서역 계통 사람들이 등장한다. 머리에 상투를 틀지 않고 산발한 채 말을 다루거나 잡스러운 일과 관련된 듯한 이들이 여럿 보인다. 벽화에 묘사된 씨름 장면 중에도 매부리코에 눈이 부리부리한 서역계 인물이 등장한다. 고구려에 들어온 서역 사람들이 반드시 불교신앙 및 문화와 관련된 일에만 종사한 것은 아님을 알 수 있다.

불교문화를 매개로 서역과 만난 고구려 사람들이 적극적으로 받아들인 새로운 문화요소 중의 하나는 음악이었다. 5세기 고분벽화에 여러 차례 등장하는 허리가 잘록한 작은 북 요고, 향비

파라고도 불린 완함 등은 중앙아시아에서 직접 전해지거나 중국을 거쳐 고구려에 소개되고 수용된 외래의 악기들이다(그림 29, 30). 후에 이런 악기들 중 일부는 신라를 거쳐 일본에도 전해졌다. 악기와 함께 고구려에 전한 서역의 노래 가운데 진숙덕(進宿德), 퇴숙덕(退宿德), 장보악(長保樂), 길고(桔橰) 등은 춤과 관련 있는 것으로 파악된다. 역시 신라를 거쳐 일본에 전해졌다.[18] 벽화에 묘사된 합창대가 서역 노래 가운데 한두 곡을 불렀을 수도 있다. 그러나 장천1호분이나 무용총 벽화에서 볼 수 있듯이 노래와 연주에 맞추어 춤추는 이들의 춤사위가 길고 넓은 옷소매를 부드럽게 휘저어 새가 날개를 펴는 자세를 취한 것으로 보아 빠른 박자가 특징 중의 하나인 서역 노래는 아닌 듯하다.

고분벽화에서 하늘 세계를 받쳐 드는 우주역사(力士)라는 존재도 불교문화와 함께 동방에 전해진 관념이자 표현이다. 삼실총과 장천1호분 벽화의 우주역사는 전형적인 서역계 인물이다(그림 31). 간다라 불교 사원 장식의 일부를 이루는 역사들과도 모습이 일맥상통한다(그림 32). 조형 특징상 중국 한나라 시기 비단그림 속의 역사와는 거리가 있다. 고분벽화의 우주역사는 부리부리한 눈, 오뚝한 코, 근육질의 팔과 다리, 잘록한 허리를 자랑한다. 두 팔을 벌려 힘껏 하늘 세계를 받쳐 든 벽화 속 역사는 힘에 겨운지 눈을 부릅뜨고 이를 앙다물었으며 발꿈치는 바닥 깊숙이 박히고 발가락들은 경련을 일으킨 듯 위로 젖혔다. 팔다리의 근육은 터질 듯이 팽팽하다. 이런 식의 입체적이고 사실적인 인물 표현을 갈

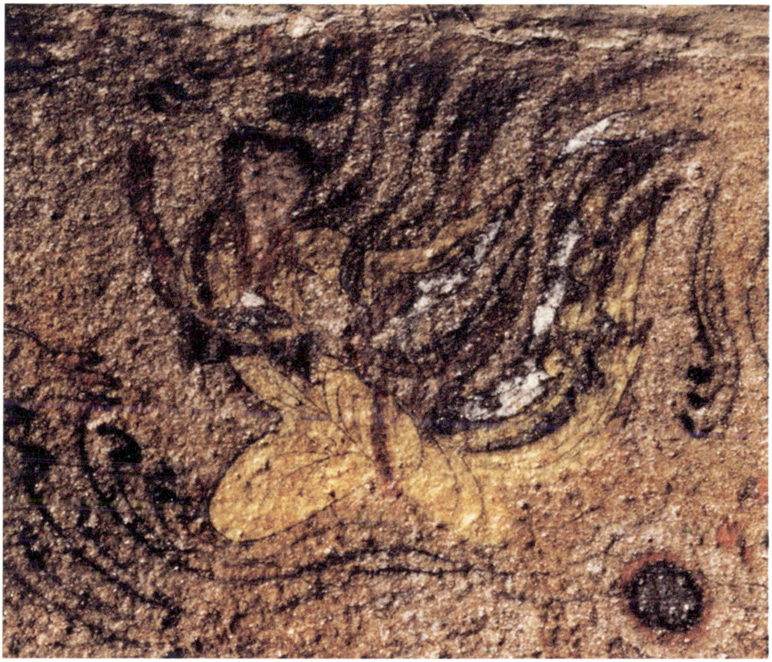

그림 29 오회분4호묘 벽화, 요고를 연주하는 천인

그림 30 삼실총 벽화, 완함을 연주하는 천인

그림 31 장천1호분 벽화, 우주역사

그림 32 아프가니스탄 핫다 타파-이-카파리하 사원 장식 부조, 우주역사

은 시기 중국의 회화에서는 찾아보기 힘들다. 초원길을 통해 동방세계에 전해진 서역미술의 영향으로 볼 수밖에 없다.

불교미술이 동방에 소개되면서 서역의 장식무늬가 고구려에 수용되었다는 사실도 눈길을 모은다. 강서중묘 벽화에 묘사된 팔메트(palmette)문은 중국 신장의 쿠처 수바시의 불교유적에서 출토된 회골용기의 장식문과 같다.[19] 이런 형태의 팔메트문은 중앙아시아에 전해지기 전 서아시아와 그리스에서도 유행했다. 오랜 역사를 지닌 팔메트문이 불교미술의 일부로 받아들여진 것이다. 기원전 1천 년 이전으로도 거슬러 올라갈 수 있는 팔메트문이 불교미술의 일부가 되어 동방세계에 전해지고 고구려에도 소개되고 수용되어 고분벽화로도 남은 것이다.

4장

하늘 세계를 그리다

경험과 기억, 소망을 그리다

고분벽화에는 고구려 사람들이 알던 하늘 세계가 그려졌다. 시조 동명성왕 주몽이 해와 달의 아들이라고 믿던 고구려 사람들에게 하늘은 그들이 사는 나라가 시작된 곳이나 다름없다. 해신인 해모수가 수신 하백의 딸 유화와 인연을 맺으면서 태어난 이가 시조 왕 주몽이 아닌가? 첫 왕 주몽도 때가 되자 하늘에서 내려 보낸 황룡의 머리를 딛고 하늘로 올라가지 않았는가? 하늘로 올라간 주몽 왕이 아버지 해모수의 뒤를 이어 해신이 되었을 터이니 고구려 사람들은 해신이 내려다보고 지켜 주는 나라에서 살고 있는 것이 아닌가?

씨름 장면으로 유명한 각저총 널방 천장에는 넝쿨문 사이에 해와 달, 북두칠성과 남두육성, 방수, 삼수 등으로 불리는 별자리가 표현되었다(그림 33). 해 안에는 세발까마귀가, 달 안에는 두꺼비가 그려져 있다. 고구려 사람들이 해와 달, 북두칠성과 남두육성을 하늘에서 가장 중요한 별이며 별자리로 여겼음을 알 수 있다. 고구려 사람들은 해와 달을 보면서 주몽 왕과 그 어머니 유화를 머리에 떠올렸을 것이다. 북두칠성과 남두육성은 고대사회에서 사람의 삶, 곧 생과 사를 정하는 별자리로 여겨졌다.

각저총 벽화에는 수없이 나뉜 굵은 가지 끝에 가느다란 가지들이 빗살처럼 촘촘히 뻗어 나오고 잎이 아기 주먹처럼 덩어리진 커다란 나무들이 여러 그루 묘사되었다. 앞방 벽의 나무들은 한 그루, 혹은 두 그루씩 벽면에 가득 차게 그려졌다. 널방의 것은 벽에 가득 차게 묘사된 것도 있고 벽 한가운데 커다랗게 표현되어

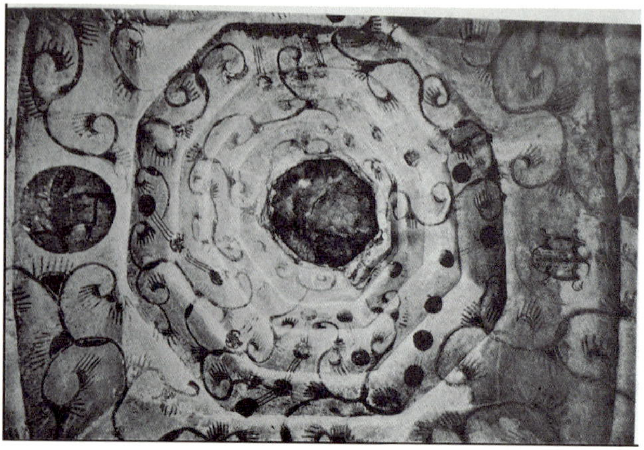

그림 33 각저총 벽화, 하늘

그림 34 덕흥리벽화분 벽화, 하늘 복원도

화면을 둘로 나누며 무대 막 역할을 하는 것도 있다.

특히 눈길을 끄는 것은 씨름 장면 곁의 커다란 나무로 밑동에 곰과 호랑이가 사람처럼 등을 기대고 앉아 있다. 나뭇가지에 묘사된 검은 새 몇 마리까지 고려하면 씨름 장면의 커다란 나무는 하늘과 땅 사이를 잇는 하늘 기둥, 하늘 사다리일 수 있다. 곰과 호랑이가 하늘의 신들과 대화를 시도하고 검은 새들이 하늘과 땅 사이의 전령 역할을 하는 식의 신화적 표현으로 해석할 수도 있다.

하늘 사다리, 우주나무같이 신화적 이미지를 담아내는 나무는 상천1호분 벽화에도 보인다. 백희기악도로 알려진 화면 상부에 열매가 가득 달린 거대한 나무 한 그루가 서 있다. 그 아래에는 무덤 주인과 손님이 재주꾼들의 곡예를 보면서 여유 있는 시간을 보내는 중이다. 벽화의 아름드리나무를 향해 날아오는 커다란 새는 극락조를 연상케 하는 긴 머리 깃으로 보아 상서로운 존재임에 틀림없다. 둥글고 커다란 열매가 주렁주렁 달린 이 나무는 생명의 나무이자 우주의 나무일 가능성이 높다. 이 나무에도 하늘과 땅 사이를 잇는 우주나무, 하늘 사다리 이미지가 투영되고 있다고 보아야 한다.

각저총보다 이른 시기에 축조된 덕흥리벽화분 앞방 천장에는 모두 60여 개의 별과 별자리, 상상 속의 새와 짐승, 선인과 옥녀들이 구름 사이에 가득하다(그림 34). 별자리들과 함께 등장하는 선인, 옥녀, 상서로운 새와 짐승 들은 고구려인이 생각하는 하늘

이란 별이 뿌려진 넓은 공간 정도가 아님을 알게 한다. 사람 얼굴의 새, 짐승 머리의 새, 뿔이 7개인 짐승, 귀가 4개인 짐승, 사람 머리의 짐승, 날개 달린 물고기, 하늘을 나는 말과 사슴, 전설 속의 견우와 직녀가 만났다가 헤어지는 곳이다. 하늘 이 끝에서 저 끝까지 별의 강이 흐르는 곳이기도 하다. 땅 위의 세계처럼 하늘도 온갖 존재로 가득 찬 별개의 세상인 셈이다.

머리가 둘인 새 청양은 맑고 밝은 봄기운, 생명의 기운이 형상을 갖춘 경우이다. 불을 밟고 서 있는 새 양수는 불꽃이 형상화된 불새이다. 짐승 머리의 새 길리와 부귀는 이름 그대로 상서로움과 부귀가 모습을 드러낸 경우이다. 네 발 짐승인 성성이는 모든 것을 알고 말할 수 있으나 호기심을 이기지 못하고 술에 취하는 버릇이 있다. 천추와 만세는 천년, 만년 살려는 소망이 사람 머리 새로 모습을 보인 사례이다(그림 35). 양 끝에 사람 머리가 달린 네 발 짐승 지축(地軸)은 땅이 흔들리지 않게 하는 크고 단단한 우주 기둥이 기이한 형상으로 하늘 한쪽에 모습을 드러낸 경우이다(그림 36). 벽독(辟毒)은 독을 물리치는 기이한 힘과 능력을 지닌 상서로운 짐승이고, 박위는 바르고 그른 것을 알고 가리려는 소망을 이루게 하려고 귀가 네 개가 된 사람 머리 짐승이다. 등에 불사약 항아리를 지고 있는 사람 머리의 새 하조는 도를 깨우치려는 소망이 모습을 갖춘 것이고, 영양은 도를 깨우치지 못하면 머리에 7개의 뿔(?)이 난다는 상상 속의 짐승이다.

고구려 사람들이 보기에 하늘이 사람 사는 땅 위의 세계와 다

그림 35 덕흥리벽화분 벽화, 만세

그림 36 덕흥리벽화분 벽화, 지축

른 점은 하늘에 사는 모든 존재가 별처럼 생명이 다하지 않는다는 사실이다. 천년을 형상화한 천추, 만년을 새로 그린 만세를 길어야 백년인 사람의 수명과 어찌 비교할 수 있겠는가? 부귀와 길리에 어찌 수명이 있고 세상의 기둥인 지축이며 불로 스스로를 태우고 다시 태어난다는 불새에게 언제까지 산다는 기약이 있겠는가?

스스로 별이기도 한 직녀나 견우가 아니더라도 하늘 속을 날아다니는 선인과 옥녀 들도 불사의 존재이기는 마찬가지다. 고분벽화의 선인들은 학을 타고 날기도 하고 날개 없이 허공을 떠다니기도 한다(그림 37). 거문고를 연주하는 이도 있고 뿔나팔을 부는 이도 있다. 삼실총에는 완함의 현으로 아름다운 소리를 내는 선인도 등장한다. 이런 선인들은 하늘 한가운데에서 악기를 연주하여 듣는 이에게 하늘의 음악을 선물하기도 하지만 쉴 때에는 하늘에 닿는 높은 산의 꼭대기로 간다. 봉래산, 방장산, 금강산으로 불리는 곳도 있고, 태산, 곤륜산, 삼신산으로 일컫는 곳도 있다. 아래는 좁고 위는 넓어 땅에서는 기어서도 올라가지 못하는 곳이다. 바다 한가운데 있는 것도 있고, 깃털도 빠뜨린다는 강에 둘러싸인 곳도 있다. 불사의 삶을 누리는 선인들은 부리에 특별한 열매 사당을 문 봉황을 타고 이 산에 이른다.

사람이 불사의 선인이 되려면 오랜 수련을 거치며 진주와 옥을 음식으로 삼거나 불사약을 먹어야 한다.[20] 금과 수은, 수많은 광석가루와 신비한 약초들을 섞어서 만든다는 불사약을 고분벽화 속 선인은 사발에 흘러넘칠 듯 가득 담은 채 지그시 바라본다.

그림 37 통구사신총 벽화, 백학을 탄 선인

불사약 그릇을 두 손으로 받쳐 든 선인도 있다(그림 38).

그러나 이 사발 속의 붉은 액체를 마신 이가 얼마나 되는지는 아무도 모른다. 불사약을 만들었다는 전설 같은 이야기도 간간이 전할 뿐이다. 만들기가 정말 어려웠다는 뜻이리라. 고분벽화에 그려진 달 속의 옥토끼가 부지런히 약절구를 찧는 것도 불사약을 만들기 위해서라고 한다. 고분벽화의 선인들 가운데 달 속의 토끼조차 만들려고 애썼던 불사약의 덕을 본 이들은 얼마나 될까?

덕화리2호분 널방 천장에는 해와 달 외에 해가 하늘을 한 바퀴 돌면서 만난다는 28개의 별자리가 그려져 있다. 진파리4호분 널방 천장에도 28개의 별자리가 등장한다. 진파리4호분 별자리의 별들은 모두 금분으로 그려졌다. 밤하늘에 금빛으로 반짝이는 별자리를 한 장의 돌 위에 그대로 옮겨 놓은 것이다. 이 28개의 별자리를 동서남북 방위별로 7개씩 나누어 형상화시키면 각각 청룡, 백호, 주작, 현무가 된다.

고구려 사람들이 이처럼 하늘의 별자리를 열심히 관찰하고 그 결과를 고분벽화에 옮겨 그릴 때 바탕에 깔린 것은 주몽 신과 유화 신에 대한 신앙이다. 고구려 사람에게 주몽 신은 해신, 달신의 아들로 세상에 태어나 고구려라는 나라를 세우고 하늘에 올라간 뒤 해신이 된 분이다. 유화 신은 주몽 신의 어머니다. 두 신이 나라를 지켜 주고 백성을 보살핀다! 고구려 별자리 신앙과 벽화의 디딤돌은 두 신에 대한 신앙이다. 고구려 고분벽화에 해와 달이 자주, 정성 들여 그려진 원인도 여기에 있다.

그림 38 오회분4호묘 벽화, 불사약 사발을 든 선인

그림 39 중국 랴오닝 차오양 원대자묘 벽화, 해 모사도

그림 40 각저총 벽화, 해

고구려 고분벽화에서 해를 나타내는 세발까마귀는 중국의 그것과 뚜렷한 차이를 보인다. 중국 미술 속 세발까마귀의 모델은 실물 까마귀다(그림 39).[21] 그러나 고구려의 세발까마귀는 공작형 볏이 머리 위로 길게 뻗어 나간 상상 속의 새다(그림 40). 봉황이나 주작의 이미지가 겹쳐 있는 신화적 생명이라는 점에서 발을 하나 더 달고 있을 뿐이다. 고구려 고분벽화의 세발까마귀에는 고구려 사람들의 해신 신앙, 해모수와 주몽으로 이어지는 건국신화가 투영되어 있다.

고분벽화에서 달을 나타내는 상징은 하나가 아니다. 달두꺼비, 옥토끼라는 말이 있듯이 두꺼비가 홀로 등장하기도 하고 옥토끼, 계수나무와 함께 나타나기도 한다. 형상과 자세도 여러 가지다. 두꺼비는 엎드린 모습인 경우가 일반적이지만 옥토끼는 토끼 형상으로 앞발을 들고 서 있기도 하고 사람처럼 우뚝 서서 공이로 약절구 속 불사약을 찧는 모습으로 묘사되기도 한다(그림 41, 42).

고구려 고분벽화에는 해와 달이 해신, 달신과 함께 표현되기도 한다(그림 43). 해와 달에 투영되어 있던 신앙이 해신과 달신으로 형상화되어 나타난 것이다. 해신과 달신은 중국의 그것과 뚜렷한 차이를 보인다. 고구려에서 해신과 달신은 수많은 신앙 대상과 구별되는, 격이 다른 존재였기 때문이다. 고구려와 달리 중국의 신화나 전설에서는 해신과 달신이 주요한 신앙의 대상으로 자리매김되지 않았다.

중국 신화에서 해신과 달신은 창조신이자 남매신인 복희, 여

그림 41 쌍영총 벽화, 달

그림 42
덕화리1호분 벽화, 달

그림 43 오회분4호묘 벽화, 해신과 달신

그림 44
중국 신장 투루판 아스타나 출토 견화, 해신과 달신

그림 45 오회분4호묘 벽화, 농사의 신과 불의 신

와의 다른 신격이다(그림 44). 복희와 여와가 음과 양의 기운을 대표하는 신격이어서 해신과 달신으로도 묘사되고 믿어진 것과는 다르다. 고구려 고분벽화의 해신과 달신은 주몽 신과 유화 신이다. 고구려 사람들의 시조로 고구려라는 독자적인 천하의 주춧돌이다. 하늘 세계의 중심에서 강하고 힘 있게 해와 달을 받쳐 든 벽화 속 해신과 달신의 눈빛에서 한 세계의 문을 연 신으로서 힘과 의지를 읽을 수 있지 않은가? 해와 달을 받쳐 들고 나는 이처럼 묘사된 중국 화상전 및 고분벽화의 해신, 달신을 하늘 한가운데서 세상을 내려다보고 다스리던 고구려 사람들의 해신, 달신과 비교하기는 어렵지 않겠는가?

고구려 고분벽화에는 해신과 달신을 보좌하는 여러 문명신이 등장한다. 불의 신과 농사의 신, 대장장이 신, 수레바퀴의 신, 숫돌의 신 등이 그러하다(그림 45). 자신이 맡은 역할을 잘 알고 있는 이 신들은 끝이 갈라지고 뻗어 나가는 날개옷을 걸쳤다. 발에는 코가 길고 뾰족하게 휘어 올라간 검은 신을 신었다.

한 손에 불이 붙은 막대를 들고 춤추듯 부드러운 걸음으로 앞으로 나가는 벽화 속 불의 신은 황제의 신하로 관리처럼 인식되고 묘사된 중국의 불의 신 축융과는 이미지가 전혀 다르다. 곡식 이삭을 손에 쥔 소머리의 농신 역시 화상석에 관리 형상으로 표현된 중국의 농업신 신농과 구별된다. 모루 위에 올린 쇳덩이를 마치로 두들기는 자세의 대장장이 신 역시 중국의 화상석이나 고분벽화에는 보이지 않는다. 살이 많은 고급스러운 수레바퀴를 손보고 있는 수레바퀴의 신도 중국 화상석의 수레바퀴 곁 신인, 혹은 장인과는 이미지의 차이가 뚜렷하다.

지안 국내성 지역 후기 고분벽화에 집중적으로 등장하는 하늘의 신인과 문명신들이 같은 시기 중국 남북조 고분벽화에서는 보이지 않는다. 고구려에서는 직접적인 신앙의 대상이었으나 중국에서는 그렇지 않았기 때문일 수 있다. 두 문화권에서 고분벽화에 부여하는 의미가 달라 이런 차이가 나타났을 수도 있다. 6세기 이후 고구려 고분벽화의 주제가 사신이었던 것과 달리 중국에서는 여전히 생활풍속이었고 사신은 주요한 제재의 하나로만 여겨졌다.[22] 고구려 고분벽화에는 우주적 방위신이 보호하는 신과 천인들의 세계가 묘사되었지만 중국 고분벽화에는 현실의 연장에 존재하는 내세가 그려진다. 이런 상이한 흐름이 벽화 구성과 내용도 달라지게 했다고 볼 수도 있다.

5장

우주 속 새 삶을 지키다

경험과 기억, 소망을 그리다

고대사회에서 별 보기는 매우 중요했다. 해와 달, 별자리의 모습, 움직임으로 계절과 기후를 읽어 내고 목축과 농경, 수렵 일정을 잡았기 때문이다. 오랫동안 가뭄이 계속될지 비나 눈이 많이 올지 덥거나 추울지, 태풍이 언제 얼마나 올지, 바람이 심하게 불지 그렇지 않을지 하늘 별자리가 알려준다고 여겼다. 달력이 해, 달, 별자리 관측의 결과인 것은 잘 알려진 사실이다.

하늘의 별을 관측하면서 세상에서 일어날 일을 예측하는 관습이 하늘과 땅이 서로 감응한다는 믿음, 이론을 낳았다. 하늘의 특정한 별 기운을 받고 태어나는 것도 가능하고, 하늘의 별이 사람으로 나는 일도 있다는 믿음도 생겨났다. 여기에 세상의 모든 것이 음과 양의 기운을 지니고, 음과 양의 기운이 조합된 상태에 따라 만물을 불, 물, 나무, 쇠, 흙의 성향을 다섯 가지 유형으로 나눌 수 있어 서로 영향을 주고받는다는 이론이 더해지면 우주만물의 정교한 운행 원리를 알 수 있다. 이른바 천지감응설과 음양오행론이다.

동아시아 고대 천문 관측 결과에 따르면 해는 하늘을 한 바퀴 돌면서 28개의 별자리를 만난다. 황도 28수로 불리는 이 별자리들은 동, 서, 남, 북 방위별로 7개씩 나눌 수 있다. 이 7개씩의 별자리를 형상화하면 동쪽은 청룡, 서쪽은 백호, 남쪽은 주작, 북쪽은 현무가 된다. 사신(四神)으로 불리는 이 신령스러운 짐승들은 각각 하늘의 동, 서, 남, 북을 지키는 우주적 방위신이기도 하다. 물론 이 28개의 별자리, 사신이 지키는 세계는 우주의 중심이다. 우주의 한가운데 있는 영원한 삶의 세계, 생명이 시작되고 돌아가는 곳, 우주만물이 탄생한 자리이다.

동아시아에서 우주적 방위신인 사신이 현실 생활에 큰 영향을 미치기 시작한 것은 음양오행론에 풍수지리설이 더해지면서이다.[23] 풍수지리설은 지리적으로 좋은 조건을 갖춘 곳, 물을 구하기 쉽고 농사에도 적합하며 외적을 잘 방어할 수 있는 곳을 마을과 도시의 자리로 잡기 위해 발달했다. 풍수지리설에 천지감응설과 음양오행설이 더해지면서 사람들은 현실 생활에도 좋고 후손에게도 덕이 되는 자리를 찾게 되었다. 그런 곳을 사신 형상의 지세가 지켜 주는 명당으로 여겼다. 좌우로 청룡과 백호에 해당하는 산줄기가 지켜 주고 앞으로는 주작의 기운을 담은 시내가 흘러 물이 풍부하며 뒤로 누구도 넘볼 수 없는 현무의 힘이 높은 산의 형상으로 막아 주는 명당! 이런 곳을 궁궐이나 귀족 저택의 터로 삼는 데서 한 걸음 더 나아가 왕릉과 무덤의 자리로 삼는 관습이 생겨난 것이다.

그런데 이런 이상적인 지형을 갖춘 자리, 사신 형상의 지세로 둘러싸인 곳을 현실에서는 찾기 쉽지 않았다. 더욱이 왕실이나 귀족 가문에서는 조상 때부터 특정한 지역을 가족무덤의 공간으로 삼는 경우가 많았다. 사신 형상의 지세를 발견하더라도 자신들이 터 잡고 있는 곳에서 너무 멀어 무덤시기를 보내 관리하기 어렵다면 새로 무덤을 만들기도 조심스럽다. 무덤 칸에 사신을 그려 넣어 사신 형상의 지세 한가운데 무덤을 만든 효과를 얻으려는 관습이 생긴 것도 이 때문이다.

고구려 고분벽화에는 이른 시기부터 청룡, 백호, 주작, 현무로 이루어진 사신이 그려진다. 처음 무덤 칸 천장에 조그맣게 그려넣던 사신이 5세기 중엽 이후에는 벽에 크게 묘사된다. 무덤 칸 벽에 표현되던 일상생활의 모습은 작게 그려지거나 천장으로 옮겨 간다. 음식을 조리하여 상을 차린 뒤 주인 부부가 머무는 안채를 향해 상을 들고 걸어가는 장면이나 나들이 도중 주인 부부가 재주꾼들의 곡예, 춤과 노래를 즐기는 모습, 방아를 찧고 우물에서 물을 긷는 장면, 소나 말을 먹이려고 작두로 건초를 자르는 모습 등은 더 이상 벽화로 그려지지 않고 사냥이나 행렬같이 주인공의 지위, 신분을 잘 드러내는 장면만 벽과 천장 사이 작은 화면에 남는다.

벽화에 사신이 처음 등장할 때, 청룡과 백호의 모습은 어설픈 필치로 머리와 몸, 다리를 따로 그려 이어 놓은 듯이 보인다(그림 46, 47). 아홉 가지 동물과 괴수의 특징을 지녔다는 청룡의 몸 각 부분은 서로 어우러지지 못해 우주적 신수로서의 이미지를 드러내지 못한다. 백호의 길고 마른 몸은 보통의 호랑이에게서 보이는 맹수의 위엄을 자아내기도 어렵다. 주작과 현무도 마찬가지다. 주작의 몸은 각 부분이 굵고 가는 정도에서 서로 어긋나 균형이 맞지 않으며 현무는 뱀과 거북의 몸에 길짐승의 머리를 이어 붙인 듯해 음양의 조화, 우주질서의 회복을 보여 주지 못한다. 약수리 벽화분에서 볼 수 있듯이 5세기 전반까지 고구려 고분벽화의 사

그림 46 무용총 벽화, 청룡

그림 47 무용총 벽화, 백호

신은 별자리가 형상화된 존재로 인식되고는 있으나 신앙 대상으로서의 실재성은 갖추지 못한 상태이다(그림 48, 49).

어떤 존재를 막연히 알고 있는 것과 신앙 대상으로 받아들이고 믿는 것은 다르다. 별자리의 화신인 사신이 신앙 대상이 되는 과정은 고분벽화의 청룡, 백호, 주작, 현무의 모습이 어떻게 바뀌는지, 벽화 구성에서 비중이 커지는 것으로 알 수 있다. 5세기 후반부터 벽화의 사신은 벽면을 가득 채울 정도로 비중이 커지다가 6세기에 이르면 벽면에 그려지는 유일한 제재가 된다. 이 과정에서 벽면에 간간이 그려지던 생활풍속의 여러 장면은 하나씩 사라지고 마침내 흔적도 남지 않는다.

수렵총 벽화에는 벽면을 거의 가득 채운 청룡, 백호 곁에 사냥이나 기마 장면이 스틸 사진처럼 조그맣게 붙어 있다. 청룡, 백호가 화면을 거의 채웠지만 우주적 방위신이라는 느낌을 줄 정도로 위엄과 신비스러움은 갖추고 있지 않다. 그런데 6세기 작품인 진파리1호분 벽화의 청룡과 백호는 하늘을 가득 채운 구름 형상의 생명 기운과 연꽃, 연봉오리 사이로 자신의 모습을 드러내는 화면의 온전한 주인공이다. 앞발을 앞으로 크게 내닫는 자세인 청룡의 어깻죽지에서는 강한 기운이 날개털 띠를 이루며 뒤로 흐른다. 머리 형태가 표범에 가까운 백호 역시 어깻죽지에서 강한 기운이 불꽃처럼 끝이 갈라지며 뒤로 뻗어 나간다. 무덤 칸의 벽과 천장 어디에서도 생활풍속 장면은 보이지 않는다.

통구사신총 벽화의 청룡, 백호는 강하고 힘 있게 흐르는 생명

그림 48 약수리벽화분 벽화, 청룡

그림 49 약수리벽화분 벽회, 백호

기운을 타고 하늘에서 힘 있게 내려오며 포효하는 형상이다. 청룡의 어깻죽지와 네 다리에서는 상서로운 기운이 날개털처럼 뻗어 나온다. 백호의 어깻죽지와 네 다리에서도 날개털 띠를 이룬 기운이 강하고 힘 있게 뒤로 길게 뻗어 나간다. 화면 전체를 압도하는 우주적 방위신들의 강한 기세로 말미암아 어떤 악한 기운도 통구 사신총이라는 무덤 안으로 스며들지 못할 것처럼 느껴진다.

사신 가운데 동쪽의 수호신 청룡, 서쪽의 수호신 백호가 주로 사악한 기운을 물리치는 역할에 초점을 둔 존재이다. 반면 남쪽의 수호신 주작과 북쪽의 수호신 현무는 음양의 조화를 이루어 우주적 질서가 회복되게 만드는 신령스러운 생명체이다. 주작이 암수 한 쌍으로 표현되고 현무가 뱀과 거북이 얽힌 모습으로 그려지는 것도 이 때문이다.

고분벽화의 주작은 봉황에서 비롯된 존재이다. 동아시아 고대 회화에서 봉황은 화려한 꽁지깃을 자랑하는 수탉을 모델로 삼아 표현하기도 하고 벼슬과 깃이 인상적인 공작을 본으로 삼아 묘사하기도 했다. 봉황을 원형으로 삼는 주작이 수탉처럼 묘사되기도 하고 공작처럼 그려지는 것도 이 때문이다. 무용총 벽화의 주작은 수탉처럼 표현되었다(그림 50). 반면 장천1호분 벽화의 주작은 공작처럼 그려졌다(그림 51).

벽화에서 주작은 무덤 칸 입구 오른쪽과 왼쪽에 암수가 나뉘어 마주 보는 자세로 표현되는 것이 상례이다. 그러나 청룡, 백호와 달리 주작은 5세기 후반의 늦은 시기까지 무덤 칸 천장 하단에

그림 50 무용총 벽화, 주작

그림 51 상천1호분 벽화, 수삭

자그맣게 표현되었다. 쌍영총 벽화에서도 청룡과 백호는 앞방 동벽과 서벽에 커다랗게 묘사되었지만 주작은 앞방 북벽 천장부 하단에 암수 한 쌍이 자그맣게 그려졌다. 고구려 고분벽화에서 주작이 벽면에 가득 차게 표현되기 시작하는 때는 6세기에 막 접어들 즈음이다.

진파리1호분 벽화의 두 주작은 둘 다 수직에 가깝도록 가파르게 휘며 올라간 화려하고 넓은 꼬리깃을 자랑하면서도 수탉을 연상시키는 볏과 아열대 극락조를 떠오르게 하는 길고 화려한 머리 깃으로 암수가 구별되게 했다. 오회분5호묘 벽화의 암수 주작은 오색의 몸통과 꼬리, 붉은색 주조의 두 날개, 하얀색이 두드러진 목과 머리, 불꽃 형태의 볏이 눈에 들어온다(그림 52, 53). 남방의 수호신답게 붉은빛이 두드러져 주작에 불새의 이미지도 겹쳐 있다는 느낌을 준다.

청룡, 백호, 주작과 달리 북방의 수호신 현무는 뱀과 거북이 서로 얽고 있는 모습으로 묘사되어 언뜻 보면 기괴한 느낌을 자아낸다. 하나도, 둘도 아닌 상태의 이 신령스러운 존재를 자연에서는 모델을 찾을 수 없다. 사신 가운데 가장 늦게 형상화가 이루어진 현무는 고분벽화에도 처음부터 등장하지는 않는다. 청룡, 백호, 주작이 묘사된 무용총이나 장천1호분 벽화에도 현무는 보이지 않는다.

고분벽화에서 무덤 주인이나 무덤 주인 부부는 무덤 칸의 가장 깊숙한 곳, 안벽에 묘사된다. 무덤 방향이 서쪽일 때는 동벽, 남

그림 52, 53 오회분5호묘 벽화, 주작

쪽일 때는 북벽에 그려진다. 생활풍속과 사신이 함께 그려질 때, 현무는 무덤 주인 곁에 묘사되는 경우가 많다. 현무가 주인의 내세 삶을 지키는 존재로 인식되었음을 알 수 있다. 약수리벽화분, 쌍영총, 수렵총 벽화의 현무는 무덤 주인 부부와 함께 무덤 칸의 안벽에 등장한다(그림 54).

고분벽화에서 현무가 마치 실재하는 듯이 생생하게, 사실적으로 그려지기 시작하는 시기는 6세기 전후이다. 덕화리1호분 널방 북벽에는 무덤 주인을 주인공으로 하는 행렬이 화면 상부, 현무가 화면 하부에 그려졌다. 이보다 앞선 시기 벽화의 현무와 달리 덕화리1호분 벽화의 현무는 거북과 뱀 모두 머리가 파충류 특유의 모습으로 묘사되고 화면 하부를 가득 채우는 존재로 그려졌다(그림 55). 청룡, 백호, 주작이 이미 벽면 전체의 주인공이 된 상태에서 현무만 인물 행렬과 화면을 나누었지만 곧 벽면의 주인공이 될 것임을 내다보게 하는 사례이다. 실제 6세기 작품인 호남리사신총, 진파리1호분 벽화에서 현무는 화면 전체를 지배하는 존재로 모습을 드러낸다.

고구려의 사신도는 강서대묘 벽화에서 우주적 방위신으로 완성된 모습을 드러낸다. 벽화의 청룡, 백호, 주작, 현무가 상상 속의 존재가 아니라 실재하는 신수로 신앙의 대상이 되었다는 사실을 확인시켜 준다. 벽화의 청룡, 백호와 현무는 배경이 일체 생략된 텅 빈 공간, 각각의 방위로 뻗어 나간 우주의 주인공이다.

동벽의 청룡은 남쪽을 향해 왼쪽 앞발을 크게 내딛으며 하늘

그림 54 수렵총 벽화, 주인 부부와 현무 모사도

그림 55 덕화리1호분 벽화, 주인 행렬과 현무

에서 내려오는 자세이다. 상서로운 기운이 불꽃 모양을 이룬 채 어깻죽지에서 나와 뒤로 뻗어 나간다. 네 다리 뒤로는 기운이 털 뭉치처럼 덩어리지며 뒤로 휘날린다. 목은 S자를 이루며 휘었고 꼬리는 계단처럼 층을 이루며 부드럽게 뒤로 뻗어 나갔다. 커다란 두 눈, 길게 내민 혀, 커다란 귀 사이로 가늘게 뻗어 올라간 두 뿔이 서로 자연스레 어우러져 청룡 특유의 이미지를 자아낸다. 목 아래 부분의 하얗고 붉은 삼색 띠는 고구려 후기 고분벽화 사신 특유의 표현이다.

서벽의 백호는 남쪽을 향해 앞발을 크게 내닫으며 앞으로 나아가는 자세이다. 역S자를 이룬 목, 계단처럼 층을 이루며 뻗어 나간 꼬리, 어깻죽지와 네 다리에서 뒤로 길게 날개털처럼 뻗어 나간 상서로운 기운의 덩어리, 목 아래 부분의 하얗고 붉은 삼색 띠 등은 동벽의 청룡과 크게 다르지 않다. 눈길을 끄는 것은 백호의 머리다. 과장되게 큰 눈, 새 머리 깃이나 볏처럼 넓고 큰 눈썹, 포효하듯 크게 벌려 드러낸 커다란 이빨들과 붉은 입술로 말미암아 벽화 백호의 머리는 이전의 호랑이나 표범의 그것과 완전히 달라진 상태이다. 귀면와, 용면와에 표현된 벽사괴수의 얼굴형에 더 가깝다. 우주 신수에 대한 고구려인의 깊은 신앙이 자연계 호랑이의 그것에서 완전히 벗어난 우주 서쪽의 수호신 백호를 재탄생시켰다고 할 수 있다.

남벽의 암수 주작은 두 날개를 원형에 가깝게 활짝 편 자세로 널방 문 입구 쪽을 바라본다(그림 56, 57). 부릅뜬 눈, 뒤로 길게 뻗어

그림 56, 57 강서대묘 벽화, 주작

나간 머리 깃, S자를 이룬 목, 반원꼴로 힘 있게 말려 올라간 세 갈래 꼬리 깃, 손바닥 크기로 묘사된 거대한 산들 위에서 위협적으로 쳐든 한쪽 다리 등으로 말미암아 벽화의 주작에게서는 남방 수호신으로서의 위세가 강하게 뻗어 나온다. 암수 주작은 각각 인동잎에 싸인 연봉오리를 부리에 물었다. 봉황이 곤륜산을 둘러싼 약수를 건널 때 부리에 문다는 사당이라는 붉은 열매를 대신하는 것인 듯하다. 사당을 연봉오리처럼 묘사한 것일 수도 있다. 우주적 수호신인 주작에게 봉황의 역할과 이미지가 겹쳐져 있는 것이다.

북벽의 현무는 뱀과 거북이 독특한 자세를 취해 눈길을 끈다(그림 58). 뱀이 거북을 한 차례 얽은 뒤 한 번 꼬이면서 원을 이룬 자신의 꼬리를 얽고 머리를 비스듬히 들어 위를 향했다. 거북도 머리를 한 차례 틀어 비스듬히 위를 쳐다본다. 결과적으로 뱀과 거북은 머리가 서로를 향하되 비스듬히 위를 향해 허공을 쳐다보는 상태이다. 눈길을 끄는 것은 뱀과 거북의 아가리에서 뿜어내는 생명의 기운이 불꽃 형태로 비스듬히 위로 뻗어 나가며 한가운데서 만난다는 사실이다. 뱀과 거북이 서로를 보면서 기운을 내뿜어 만나게 하지 않아도 허공에서 하나로 어우러져 우주의 질서를 회복하고 있는 것이다. 고구려 화가는 매우 독특하고 창의적인 방식으로 뱀과 거북의 기운이 만나게 했다. 고구려 벽화에서 가장 아름답고 특별한 장면이라고 할 수 있다.

음양오행론은 사신에 중앙의 황룡을 더한 오신을 상정한다.

그림 58 강서대묘 벽화, 현무

그림 59 오회분4호묘 벽화, 황룡

그림 60 강서중묘 벽화, 연꽃

벽화에 사신만 표현되었을 경우, 황룡의 자리를 대신하는 것은 무덤 칸 한가운데 놓인 관대 위의 무덤 주인이다. 그런데 고분벽화에 중앙의 황룡이 묘사된 사례도 있다. 황룡은 통구사신총과 오회분4호묘 널방 천장석에 묘사되었고, 강서대묘 천장 한가운데에도 등장한다(그림 59). 세 무덤은 오신도 벽화고분인 셈이다. 오회분5호묘 널방 천장석에는 청룡과 백호가 서로를 얽으며 포효하는 장면이 묘사되고, 강서중묘 벽화에는 활짝 핀 연꽃이 하늘 한가운데 표현된다(그림 60). 이것으로 보아 무덤 칸 천장 한가운데에 무엇을 그려 넣는가는 우주의 중심에 누가 있고, 세계 질서가 어떻게 유지되고 운행되는지에 대한 인식과 관련이 있는 듯하다. 연꽃은 불교적 내세인 정토의 주관자, 황룡은 음양오행의 우주 질서가 유지되는 세계의 중심적 존재를 의미할 수도 있기 때문이다.

3부

길잡이가 되다

고구려 화가가 그린 고분벽화는 시대의 거울이다. 고구려 사람들의 삶과 생각으로 들어가는 문이요 길이다. 고분벽화에는 고구려의 역사와 문화가 온전히 담겨 있다. 고구려에 수용된 외래문화에 어떤 것이 있으며 고구려 사회에서 유행한 것이 무엇인지, 지역문화의 성격이며 시대에 따른 변화도 고분벽화로 알 수 있다. 현대 한국 문화의 원형이 고구려에서 유래했고, 열림과 소통, 흥을 중심으로 한 한국인의 기질이 고구려 사람과 통한다는 사실도 고분벽화를 통해 알 수 있다.

1장

문이 되고,
길이 되다

길잡이가 되다

고분벽화는 고구려 역사와 문화로 들어가는 길잡이다. 고구려 역사, 문화의 결정체이기도 하다. 고분벽화를 통해 우리는 고구려가 어떤 나라이며 고구려 사람들이 어떻게 생겼고 어떤 옷을 입었으며 무엇을 먹었는지, 어떤 집을 짓고 살았으며 무슨 놀이를 즐겼는지, 서로를 어떻게 보았으며 자신들이 사는 세상이 어떤 곳이라고 생각했는지를 알 수 있다.[24] 하늘의 해, 달, 별을 보고 무슨 생각을 했고, 자신들이 태어나고 죽으며 가는 곳이 어떻기를 바랐는지, 믿고 꿈꾸던 것이 무엇이며 어떤 것인지도 보여 준다.

고구려는 중국의 통일왕조 수와 정면충돌하는 598년부터 신라 및 당의 연합군에 의해 평양성이 함락되는 668년까지 70년 동안 수시로 전쟁에 시달리다가 역사무대에서 사라졌다. 668년 이후에도 옛 고구려 땅에서는 고구려 부흥군과 당군의 전쟁이 계속되고 당군과 신라군 사이의 전쟁도 벌어졌다. 너무나 오랜 기간 전쟁이 계속되면서 고구려의 주요 도시는 대부분 폐허가 되고 주민들은 흩어졌다. 지상의 것은 거의 불타고 남은 것은 성과 무덤이라고 해도 과언이 아닐 지경이었다.

비문과 성돌 명문 외에 고구려인이 직접 남긴 문자 기록은 기와 조각에 새긴 글자 몇 개가 전부라면 고구려 역사며 문화의 제 모습 찾기는 장님 코끼리 만지기와 비슷하다. 중국의 역사기록에 고구려 사람들이 사용하던 옷가지며 모자, 신발이 어떻다는 묘사가 있다고 해도 후대 사람들은 추론과 상상력에 기대 모자 쓰고 옷 입은 고구려 사람의 모습을 그려 낼 수밖에 없다. 눈을 부리부리하게 그릴지, 코를 오뚝하게 그릴지, 턱선을 날렵하게 그릴지는 그리는 사람이 결정해야 한다. 고분벽화를 보면 단 한 장면만으로도 고구려 사람의 모습을 온전히 알 수 있다.

고분벽화는 화가가 그 시대의 모습과 생각을 그림으로 남긴 것이다. 생생한 현장 자료인 셈이다. 고분벽화는 고구려 사회의 질서와 신분 관계를 복원하고 재구성하는 작업에 직접 활용할 수 있다. 고분벽화의 등장인물은 복식으로 지위와 신분, 직업을 드러낸다. 특정한 종족이 고구려 사회 안에서 지니던 사회적 지위나 직업도 알 수 있다. 장천1호분 백희기악도에 묘사된 서역계 인물들은 산발에 평민 복장을 한 채 말이나 수레를 다룬다. 5세기 고구려 사회에 흘러든 이 사람들은 사회적 지위는 매우 낮았던 것이다.

고분벽화를 통해 고구려 사회의 문화, 예술, 종교에 대해 이해할 수 있다. 고분벽화는 내세관을 표현하는 수단이기도 하지만 회화라는 예술 활동의 결과물이기도 한 까닭이다. 생활풍속의 여러 장면을 포함한다는 점에서는 사회상을 잘 보여 주는 자료라고 할 수 있고 상징과 기호로 쓰이기도 하는 장식무늬가 벽화로 그려진다는 점에서는 포괄적인 문화교류의 산물이기도 하다. 벽화 등장인물의 복식은 신분, 지위를 나타내는 동시에 풍속, 관습, 미감, 자연환경에 대한 적응 방식, 방직 및 염색 기술, 디자인 능력, 지역 및 시대적 특성 등을 담아낸다. 연꽃과 같은 장식무늬에는 불교의 전파와 수용, 정착의 역사가 담겨 있을 뿐 아니라, 동서 문화 · 예술 · 종교 교류 역사의 한 장을 보여 주기도 한다.

또한 고구려에서 문화적 보편성과 독자성이 어떤 과정을 거쳐 어떻게 구현되는지도 알 수 있다. 고분벽화에 그려진 해와 달, 해신과 달신은 고구려라는 나라의 정체성이 시조신앙을 매개로 정립되고 확장되었음을 잘 보여 준다. 건국시조 주몽을 해와 달의 아들로 일컫고 주몽의 어머니 유화를 부여신으로 신격화하면서 나라 곳곳에 사당을 세워 사회 통합의 상징적 · 실제적 중심으로 기능케 하는 과정이 투영되어 있는 것이다. 고분벽화에 거의 예외 없이 해와 달이 묘사되고, 심지어 해 · 달과 함께 해신 · 달신까지 그려지는 것도 고구려인의 시조신앙이 국가의 정체성과 직결되어 있기 때문이다.[25] 보편적 문화요소이기도 한 해신 · 달신 신앙이 고구려에서는 국가적 자부심, 고구려인으로서의 정체성을 세우는 바탕이 되고 있는 셈이다.

고분벽화는 고구려에서 문화 재창조 작업이 어떻게 이루어지는지 확인시켜준다. 문화 산물에 보편성과 개성을 동시에 담아내려면 선택된 새로운 문화 요소에 고유의 문화 색을 넣어 제3의 문화 산물로 만들어 내는 문화 재창조 과정이 전제되고 실행되어야 한다. 문화 재창조를 거친 새로운 문화 요소에는 이전의 특색이 어느 정도 담겨 있으면서도 이질감은 제거된 상태, 기존 문화의 폭을 넓히고, 깊이를 더하는 의미 있는 존재로 재탄생되어 있어야 한다. 고구려 고분벽화에는 이런 과정과 결과가 잘 드러난다.

5세기 중엽 고구려에서 크게 유행한 연꽃장식의 고분벽화는 연꽃을 태양이나 빛의 상징이 아닌 불교적 깨달음, 불교적 낙원인 정토에서의 새 삶을 가능케 하는 생명의 그릇, 정토왕생을 의미하는 표현으로 이해하면서 나타난 현상이다. 주요 도시가 사원과 불탑으로 가득했던 남북조 시대 중국에서도 사원이나 무덤 내부가 연꽃으로만 장식한 사례는 보이지 않는다. 연꽃장식의 고분벽화는 고구려 나름의 불교신앙, 연꽃 인식의 산물인 셈이다. 고구려 나름의 문화 재창조 원칙이 관철된 좋은 사례이다.

고분벽화는 문화 · 예술의 교류 과정과 결과를 잘 보여 준다. 고분벽화라는 장의 미술 장르는 고구려에 외래의 문화요소로 수용되어 정착했다. 고분벽화의 제재와 구성 방식도 고구려에 들어오면서 선택적 변화의 손길을 거친다. 357년 제작된 안악3호분 벽화의 행렬도에서는 제한된 화면에 중복 표현 방식으로 다수의 인물을 등장시킨다(그림 61). 408년 작품인 덕흥리벽화분 벽화 행렬도에서는 등장인물의 수가 줄어들고 행렬도의 규모가 작아지더라도 펼치고 흩어 놓는 방식을 통해 각 인물을 독립적인 존재로 그린다(그림 62). 행렬도를 그리는 본래 목적이 주인공의 위세를 드러내기 위한 것이라는 사실을 감안하면 덕흥리벽화분 벽화 행렬도를 그린 화가는 행렬의 규모로 위세를 표현하기보다는 내용으로 나타내는 데 초점을 둔 것이다. 벽화 행렬도가 수용된 뒤 50년 동안 진행된 고구려 나름의 이해와 재구성의 결과라고 하겠다.

고분벽화를 보면 고구려 사람들의 생활문화 전반을 알 수 있다. 고구려 사람들의 의식주 및 풍속과 놀이, 고구려 사람들이 사

그림 61 안악3호분 벽화, 행렬도

그림 62 덕흥리벽화분 벽화, 행렬도

용하던 시설이며 도구가 벽화로 그려진 까닭이다. 안악3호분이나 덕흥리벽화분에서는 여러 가지 제재를 짜임새 있게 배치하면서 고구려 귀족저택의 사랑채 및 안채의 여러 시설이 어디에 어떤 형태로 설치되고 운영되었는지를 알 수 있다. 귀족 저택의 외형과 건물 사이에 놓인 전돌 길이 어떤 모습이었는지는 안악1호분, 용강대묘 벽화로 알 수 있다. 고구려 귀족 저택 부엌에서의 음식 조리와 상 나르기, 상차림, 1인상 중심의 식사 방식 등은 안악3호분, 각저총, 무용총 벽화로 복원할 수 있다.

또한 고구려 사람들이 이루어 낸 과학기술사적 성취에 대해서도 알 수 있다. 고분벽화에 자주 등장하는 천문도는 고구려인의 전통 신앙 및 천문 관측 지식의 확대, 심화 과정을 알려 준다. 덕흥리벽화분 앞방 천장고임에 묘사된 60개의 별자리 및 별자리를 형상화한 존재들, 진파리4호분 널방 천장에 금분으로 나타낸 28수 등은 각각 5세기, 6세기 고구려인의 천문 관측 능력과 지식, 천문관, 천문 신앙의 구체적 표현이다.[26] 후기 고분벽화 제작 기법으로 잘 알려진 돌 위에 직접 안료를 입히는 회화 기법도 고구려인의 과학기술사적 성취 중의 하나이다.[27] 오랜 기간 무덤 내부가 개방된 상태로 방치되고 많은 사람이 무덤 안을 드나들었음에도 강서대묘 벽화가 조금 전 벽화 제작을 마친 듯 생생한 상태로 유지되는 것은 고구려 화가가 사용한 접착력 높은 안료와 인료 덕택이다.

고분벽화는 고구려에 수용된 외래의 예술 장르가 뿌리 내리면서 독자적 위상을 확보한 사례로 주목되어야 한다. 돌무지무덤을 주된 묘제로 삼던 고구려에서는 고분벽화라는 장르가 출현, 발전하기 어려웠다. 고분벽화는 무덤 내부에 벽화를 그릴 수 있는 화면이 존재해야 하는 까닭이다. 고구려 사람들이 고분벽화라는 미술 장르와 직접 접촉한 것은 중국의 군현이었던 남쪽의 낙랑을 영역에 포함시키고 한~위 · 진 시기 중국 왕조의 영역이던 서쪽의 라오양 일대를 지배하면서부터이다.[28] 초기 고분벽화의 주제가 생활풍속인 점도 라오양 지역 고분벽화의 영향이라고 할 수 있다.[29]

고분벽화는 고구려 사람들이 새로운 예술 제재를 개성적으로 재해석하고 재구성하는 과정을 확인시켜 준다. 중기 고분벽화 시대로 들어서면서 생활풍속 제재들은 비중이 급격히 낮아지고 사신(四神)이 중심 제재로 떠오른다. 후기 고분벽화 시대에는 사신이 벽화 구성에서 지니는 비중이 압도적으로 크며 벽화 주제도 사신이 된다. 이는 사신을 벽화의 주요 제재로 삼았던 수 · 당 시대 중국 고분벽화에서는 보이지 않는 고구려적 현상이다. 중국 수 · 당 왕조 고분벽화에서 벽화의 일관된 주제는 생활풍속이다.[30] 후기의 사신도 고분벽화는 사신이 우주적 방위신으로 중시되고 깊이 믿으면서 나타난 고구려 독자의 회화 세계인 것이다.

고구려에서 회화 기법과 양식이 시대와 지역에 따라 어떻게 펼쳐지고 어떤 수준에 이르렀는지를 알 수 있다. 초기 고분벽화의 등장인물들은 가면을 쓴 듯 표정이 굳어 있고 개성도 드러나지 않는다. 매우 세련된 기법으로 묘사된 안악3호분 벽화의 인물들에게서 성격이나 감정 상태를 읽어 내기는 어렵다. 덕흥리벽화분 인물도에서는 가면을 쓴 것처럼 경직된 표정의 얼굴들이 더 자주 등장한다. 두 고분벽화의 인물도에서 제한적으로나마 개성을 읽어 낼 수 있는 존재는 무덤 주인공과 배우자 정도이다.

5세기 전반까지 고구려 고분벽화 인물도에서 개성이나 표정을 읽어 낼 수 없는 것은 기법의 한계보다는 관념의 벽이 작용한 측면이 높다.[31] 누가 어떤 가문에 속했는지, 혹은 누가 특정한 집단이나 공동체를 대표하는지가 중요시되었던 사회 질서와 관념을 바탕으로 인물도가 그려진 까닭이다. 특정한 가문이나 집단을 대표하는 존재가 아니면 개성적인 표현이 허용되지 않았던 것이다. 중기 고분벽화를 대표하는 장천1호분의 두 문지기가 얼굴 생김새와 표정에서 온순하고 엄격한 성격의 차이를 드러내는 것과 대조적이다.[32]

고구려 북방의 국내성 지역과 남쪽의 평양성 일대는 풍토지리 및 역사 경험에서 비롯된 사회적 기풍의 차이가 뚜렷했다. 이는 남북 문화권의 서로 다른 회화 기법을 통해서도 확인된다.[33] 평양권 회화에서는 부드럽고 여유 있는 선의 흐름이 사냥이나 격투기 장면보다 인물도, 특히 여성의 표현에서 장점을 잘 드러낸다. 국내성 지역 회화의 힘 있고 빠른 필선은 기마사냥 장면이나 수박희 등의 격투기 표현에 적합하다는 사실이 벽화로 확인된다. 후기 고분벽화 사신도에서도 북방 회화의 선은 강한 기운의 흐름을 타거나 늘고 비상, 하강하는 청룡, 백호의 이미지를 연출한다. 반면 남방 회화의 선은 암수 주작이 마주 보며 우아한 날갯짓으로 음양의 기운이 서로를 오가게 하고 현무의 뱀과 거북이 자연스럽게 어우러지며 우주질서의 회복으로 나아가는 과정을 온전히 느낄 수 있다.

고분벽화에서는 고구려인의 내세관, 세계관을 알 수 있다. 고분벽화의 모든 제재는 경험이나 사실의 표현에 그치지 않는다. 벽화 제재들은 죽은 이의 새로운 삶이 어떤 식으로 펼쳐져야 하는지, 어떻게 펼쳐질 것인지를 나타낸다. 초기 고분벽화의 생활풍속이라는 주제는 현세와 내세의 질서를 동일시하는 현세 재현의 계세적 내세관을 보여 준다.[34] 중기 고분벽화의 중심 주제인 연꽃장식의 고분벽화는 천계전생(天界轉生), 혹은 정토왕생을 추구하는 불교적 내세관이 유행했음을 알려 준다. 생활풍속 및 사신, 생활풍속 및 연꽃이 주제인 고분벽화는 내세에 대한 혼합적인 사고와 신앙이 존재했다는 사실을 알 수 있다. 후기 고분벽화의 주제는 사신이다. 그런데 하늘 세계를 묘사한 무덤 칸 천장에는 불교적 제재들도 묘사되고 선계의 존재나 문명신들이 그려지기도 한다. 이는 죽은 이와 그를 보내는 사람들이 도교적 승선신앙과 불교적 전생관이 혼합된 관념을 바탕으로 벽화를 구상하고 그렸음을 뜻한다.

또한 고구려에 어떤 종교가 전해져 자리 잡았으며 고구려에서 특정한 신앙의 전개 과정이 어떠했는지를 확인시켜 준다. 초기 고분벽화의 생활풍속 표현은 내세를 시원(始原)의 세계로 보는 전통 신앙을 바탕으로 한 것이다. 조상신의 세계에서 나와 이 세상에서 살던 이가 죽음이라는 사건을 계기로 되돌아가는 곳이 저 세상, 곧 시원의 세계이다. 계세적 내세관은 나왔던 곳으로 되돌아간다는 사고에서 비롯된 관념이다.

연꽃장식 고분벽화는 죽은 이가 꿈꾸던 저 세상이 불교의 천계나 정토임을 드러낸다. 불교의 윤회전생관에 따르면 한 사람이 이 세상 삶에서 지은 선업과 악업에 이전의 삶에서 지은 업, 곧 숙업(宿業)을 합산한 결과가 내세 삶의 형태와 장소를 정한다. 불교를 신앙의 중심에 둔 사람들은 최소한 천계에 전생하기를 원했고, 스스로 선업을 많이 닦았다고 생각한 이들은 정토에 왕생하기를 간절히 구했다.

무덤 칸 천장을 장식한 별자리와 상상의 동물들은 동아시아에서 유행하던 승선신앙과 관련이 깊다. 덕흥리벽화분 앞방 천장은 별자리와 상상의 동물, 선인과 옥녀로 채워졌다. 선인은 불사의 능력을 획득하여 신의 경지에 이른 사람이다. 고분벽화에 선인이 자주 표현된 것은 고구려에서도 승선신앙이 종교·신앙의 한 줄기로 자리 잡았음을 뜻한다.

고분벽화를 통해 관념과 형상, 무덤 구조가 상호 연결되어 있음을 알 수 있다. 초기 고분벽화의 주제인 생활풍속은 현세 삶의 이모저모를 재현하면서 소망하는 내세 삶을 덧씌운 것이다. 사람들은 현실의 삶을 가능한 한 생생하게 반영하고자 벽화 세계의 자리와 무덤 구조 사이에 어긋남이 적어지게 하려고 애쓰게 된다.

재력과 인력, 기술이 허락하는 한 귀족 저택의 구조를 무덤 칸 조성에 그대로 적용하려고 하고, 벽화 제재의 위치도 그에 맞게 정하려고 한다. 귀족 저택 구조와 벽화 제재의 위치가 잘 맞아떨어진 안악3호분이나 덕흥리벽화분은 이런 논의와 의지, 결과를 잘 보여 주는 사례이다.

사신이라는 단일 주제가 유행하자 무덤 구조가 두 개의 방에서 외방으로 단순화되는 것도 무덤에 묻힌 자를 위한 내세 공간으로서 무덤의 의미가 재확인되는 경우이다. 우주적 방위신들이 보호해 주는 독립적인 공간, 곧 완결된 우주를 나타내려면 무덤 칸 하나가 오히려 적합한 것이다. 강서대묘 벽화의 사신에서 배경이 생략되어 깊이와 너비를 잴 수 없는 우주 공간의 주인공으로 표현된 것도 이런 의미와 기능을 극대화시킨 사례라고 할 수 있다.

2장

과거와 현재가 만나는 자리

길잡이가 되다

고분벽화에서는 현재의 한국이 고구려라는 과거로부터 받은 것이 무엇인지를 알 수 있다. 한국인의 일상을 지배하는 여러 가지 요소 중 어떤 것이 고구려에서 왔는지를 보여 주기 때문이다. 한국인의 행동 양식과 태도의 어떤 측면이 고구려인의 그것에서 비롯되었는지를 알 수 있다. 고분벽화는 한국 문화의 과거이자 현재, 한국인의 현재를 가능하게 한 옛 모습이다.

한국인은 기질적으로 소통 · 열림 · 공유, 신명 · 흥, 조화 · 어울림 등을 중시한다는 평가가 있다. 한국인의 태도에서는 열림, 흥, 어울림 등이 두드러진다는 지적도 있다. 실제 고구려 고분벽화에서는 이런 평가나 지적에 부합하는 구성이나 표현을 찾을 수 있다.[35]

소통과 열림은 다민족국가였던 고구려가 하나로 유지되게 하는 사회문화적 원칙의 하나였다. 고구려는 사회 · 문화적으로 열려 있지 않으면 나라를 이루고 있는 다양한 민족이나 사회가 각각의 단위로 국가에서 떨어져 나가려는 원심력이 커지는 나라였기 때문이다. 5~6세기 고구려 고분벽화에 새로운 제재가 지속적으로 등장하는 것도 외래 문화와 관념에 대한 고구려인의 열린 자세로 말미암아 가능했다. 고분벽화에는 불교라는 이방의 종교 · 신앙과 함께 서아시아 · 인도 · 중앙아시아의 문화가 고구려에 대거 수용되었음을 잘 보여 준다. 그리고 새로운 음악, 악기, 무용, 노래 등이 고구려에 들어와 고구려 예술의 한 부분이 되고 고구려 문화를 풍부하게 만드는 과정 역시 확인할 수 있다.

신명과 흥도 고구려 사회문화의 성격을 이해하고 설명하는 데 유효한 개념이다. 고구려 중기 고분벽화를 대표하는 연꽃무늬 고분벽화는 고구려인이 불교를 받아들인 뒤 이 새로운 종교·신앙에 어느 정도 깊이 빠져들었는지를 잘 보여 준다. 고구려에서는 불교적 깨달음, 정토의 상징인 연꽃에 대한 인식과 표현에 몰입하는 정도가 동아시아 다른 나라와 비교하기 어려울 정도였다. 마찬가지로 후기 고분벽화를 대표하는 사신도 주제의 고분벽화에 대해서도 이해와 설명이 가능하다. 사신을 하나의 제재이자 주제로 삼은 고분벽화가 동아시아의 다른 나라에서는 보이지 않기 때문이다.

조화와 어울림이 적용된 전형적인 사례도 고분벽화에서 확인 가능하다. 초기 및 중기 고분벽화에 등장하는 인물들은 고구려 사람들 고유의 저고리와 바지, 치마와 두루마기 차림이다. 심미성과 실용성을 동시에 담아내는 고구려인의 저고리와 바지, 치마와 두루마기는 선을 자연스레 잘 살리면서 솔기가 쉽게 닳지 못하도록 깃이 마감된 뛰어난 작품이다. 저고리와 바지에 넣은 꽃점무늬나 마름모무늬는 현란하거나 소박하지도 않으면서 눈을 편안하게 해 준다. 색동주름치마는 색을 넣은 적당한 너비의 띠들이 서로 잘 어울리고 민주름치마는 촘촘하게 넣은 주름으로 치마에 맵시를 더해 준다(그림 63, 64).

열림과 소통, 신명과 흥, 조화와 어울림이 동일되고 통합된 이미지를 연출하고 그런 효과를 낸다면 그보다 더 좋은 일은 없을

그림 63 수산리벽화분 벽화, 귀부인

그림 64 수산리벽화분 벽화, 두 시녀

것이다. 각각의 단계별로 완성되는 데서 한 걸음 더 나아가 전체가 하나로 종합되어 최종 완성된 상태에 이르렀다고 평가할 수 있다. 강서대묘의 구조와 벽화는 이런 관점에서 볼 때 흥미로운 유적이자 작품이다.

강서대묘는 고구려 방식으로 재창조되고 완성된 사신의 모습을 보여 주는 벽화고분이다. 사신이라는 제재 겸 관념이 고구려에 수용되어 일련의 문화요소 소화 과정을 거친 뒤 마지막으로 어떠한 모습으로 재탄생되는지를 잘 보여 주기 때문이다. 화가는 실재하지 않는 사신이 실재하는 것처럼 느낄 수 있도록 그려 냈다.

이 무덤의 설계자와 축조 작업 및 벽화 제작을 담당한 사람들은 무덤이 조성된 곳의 사계절 온습도의 변화, 연교차와 일교차의 정도가 돌방 내부에 미치는 영향, 돌방 바깥을 덮은 흙더미의 무게로 말미암아 석재 각각이 받는 하중까지 고려했음이 분명하다. 실제 강서대묘는 무덤 칸 천장고임에 사용된 석재의 무게가 효과적으로 분산되어 벽부에 미치는 영향을 최소화하도록 네 모서리 벽과 천장 사이 석재를 다듬어 시공했다.

강서대묘는 벽화부터 무덤 축조 재료와 무덤 구조까지 전체가 조합을 이룬 상태에서 발휘하는 효과에 대한 검토도 마친 상태에서 완성된 작품이다. 돌방무덤이라는 새로운 형식의 묘제, 고분벽화라는 장의 미술을 열린 자세로 받아들이는 데서 시작되어 사신을 실재하는 신수로 그려 낼 정도로 사신 신앙에 몰입하는 데 이르고, 구조와 벽화가 잘 어울려 조화를 이루며 통일, 통합에 이르는 최고의 완성 단계에 이른 전형적인 사례라고 할 수 있다.

* * *

고분벽화에 묘사된 고구려인의 풍속과 관습 가운데 많은 부분이 통일신라, 고려, 조선을 거쳐 현대 한국사회로 이어졌음을 알 수 있다. 저고리와 바지를 기본으로 하는 옷차림은 삼국 공통의 복식문화이다. 하지만 고분벽화 등장인물들의 다양한 옷차림에서는 고구려에서 비롯된 한국 전통복식의 디자인, 염색, 무늬를 자세히 알 수 있다. 남자의 상투 형태부터 여자의 머리 모양, 각종 모자의 형태와 재질, 모자의 장식과 턱끈, 여자 머리의 장신구, 긴 저고리에 필수적인 허리띠와 허리띠 장식을 하고, 다양한 재질과 형태의 신발을 신었다.

복두가 높고 뾰족하며 챙이 넓은 고구려 모자의 특징이 후대의 갓과 패랭이 등으로 이어진다는 사실도 확인된다. 고구려 남자들이 씨름이나 수박희 같은 격투기 때가 아니면 반드시 머리에 모자를 썼음을 알 수 있는데, 모자가 신분과 지위, 직업을 나타내는 표지였기 때문일 것이다.

고분벽화에 묘사된 개인상 차림 또한 조선시대 말기까지 이어지는 연원이 깊은 상차림법이다. 일제강점기를 거치면서 개인상 차림이 소멸되다시피 했으나 아직 경상도 및 충청·전라 지역 일부 반가는 조상에게 제사한 뒤 개인상으로 손님을 대접하는 관습이 남아 있다. 귀족 가문의 개인상 차림은 삼국시대 백제와 신라도 고구려와 같았을 것이다.

고분벽화에 묘사된 부뚜막은 형태와 구조로 볼 때 음식 조리용이자 난방용이었다. 고구려 유적에서 도제나 철제 모형으로도 발견되는 이런 형태의 부뚜막은 고구려인의 의식주 전반에 큰 영향을 미쳤다. 아궁이 하나에 확이 하나인 부뚜막이 사용되면서 음식도 따뜻한 주식과 차가운 부식으로 조합되는 것이 상례가 되었다. 난방을 겸하는 구조의 부뚜막으로 말미암아 고구려 백성들은 따뜻한 온돌로 몸을 데우기 위해 신발을 벗고 방에 들어가는 습관을 지니게 되었다. 방에 들어가면 두툼한 두루마기를 벗고 얇은 저고리와 바지 차림으로 지내게 된 것도 온돌 때문이다.

고분벽화에 표현된 고구려의 춤은 1인무, 2인무, 다인무 등 여러 가지다. 거문고를 비롯해 완함이나 피리 반주에 맞추어 춤추는 모습도 묘사되고 합창대까지 가세한 상태로 춤 공연이 이루어지는 장면도 있다. 우아하게 발을 내딛거나 뒤로 빼며 긴 소매를 새의 날개처럼 너풀거리는 고구려 춤은 동아시아 여러 나라에 잘 알려졌을 뿐 아니라 남북국시대 이후로도 전해져 내려왔다. 한국의 전통 춤에서 새의 날갯짓을 연상하게 되는 것은 고구려의 춤사위가 그 바탕에 있기 때문이다.

또한 고구려 사회에서 현대 민속씨름의 원형에 해당하는 씨름이 벌어질 때 심판을 맡는 사람이 입회했다는 사실도 고분벽화를 통해 알 수 있다. 수박희 같은 격투기 때도 심판을 보았을 수 있으나 벽화에는 등장하지 않는다. 수박희는 고려를 거쳐 조선시대로도 이어진 격투기로 현대의 택견 및 태권도의 원형 무예에 해

그림 65 장천1호분 벽화, 도보 매사냥

그림 66 삼실총 벽화, 기마 매사냥

당한다. 또한 마사희같이 말을 달리며 활로 과녁을 맞혀 떨어뜨리는 경기가 벌어질 때는 심판 외에 기록원도 등장한다는 사실을 알려 준다.

고분벽화에 여러 차례 묘사된 매사냥 역시 통일신라와 고려, 조선을 거쳐 현대까지 내려온 풍속 가운데 하나이다(그림 65, 66). 어린 매를 훈련시켜 꿩이나 오리 등 날짐승을 사냥하는 데 주로 쓰인 한국의 사냥매는 중국과 일본, 몽골에서 적극 구하던 명물 중 하나였다. 고구려 영역이었던 한반도의 평안도와 함경도에서 붙잡아 훈련시킨 송골매는 고니같이 큰 철새도 사냥할 수 있었던 것으로 알려진다.

4부

시대와 지역을 넘어

고구려 고분벽화의 주요 장면은 시대와 지역을 넘는 가치와 의미를 지닌다. 덕흥리벽화분에는 견우직녀설화를 그림으로 보여 주는 가장 오래된 장면이 남아 있다. 고구려 곡예의 특징을 가장 잘 보여 주는 그림은 수산리벽화분에 그려졌다. 각저총의 씨름도는 한국 민속씨름의 오랜 역사를 보여 주며, 무용총 사냥도는 고구려 기마궁술의 놀라운 수준을 생생하게 담아낸다. 오회분4호묘의 해신과 달신 그림은 외래 문화요소를 수용하여 고구려식으로 재창조한 전형적 사례에 해당한다. 강서대묘의 현무도는 고구려 화가의 필력이 당대 동아시아에서 어깨를 겨룰 이가 없을 정도의 최고 수준에 이르렀음을 알게 한다.

1장

평양 문화권

1. 덕흥리벽화분 벽화, 견우직녀

덕흥리벽화분 앞방 천장 남쪽에는 하늘 세계를 비스듬히 둘로 나누며 별의 강, 은하수가 흘러내린다. 이 강의 동쪽에는 한 여인이 강물에 치맛자락을 적시며 서 있고, 서쪽에는 소를 끌고 가며 애써 앞만 보는 한 남자가 묘사되었다(그림 67). 여인 곁에 있는 검은 개 한 마리도 강 건너로 눈길을 주며 낮은 소리로 짖는 듯이 보인다. 두 사람 곁에 각기 띠처럼 드리워진 묵서가 여인은 직녀이고 남자는 견우임을 알려 준다.

본래 견우는 풍요를 비는 제사에 쓰이던 희생용 소를 가리키는 말이다. 목축사회에서 소는 성스러운 희생 제물이었다. 농경생활이 확산되면서 사람이 소에 멍에를 씌워 이리저리 몰아가며 쟁기를 끌게 하자 '견우'는 쟁기 끄는 소를 부리는 사람을 가리키는 말이 되었다. 소가 사람이 된 셈이다. 이 견우에 대한 관념과 하늘의 별자리에 대한 신앙이 어우러져 별자리의 신 견우가 탄생한 것이다.

직녀는 베라는 직물의 원천인 '뽕나무'를 관장하는 여신 신앙에서 파생된 존재이다. 땅과 하늘을 잇고, 원초적 생명의 기운을 담는 신성한 나무에 대한 신앙이 직녀 인식의 출발점인 셈이다. 신성한 뽕나무를 관리하는 여신에 대한 신앙과 누에고치에서 실을 뽑아 신의 옷인 천의를 짜는 여인에 대한 경외심이 어우러져 베 짜는 여신에 대한 관념이 성립한 것이다. 베 짜는 여신에 별자리

그림 67 덕흥리벽화분 벽화, 견우직녀

신앙이 더해지면서 별자리 여신 직녀가 탄생했다고 할 수 있다.

중국의 전한 무제 때 해전 훈련을 위한 큰 못 곤명지를 만든 뒤 좌우에 견우, 직녀의 석상을 세웠다는 기록이 있다. 곤명지가 은하수였던 셈이다. 중구 위 · 진 시대에는 평소에는 은하수를 사이에 두고 떨어져 지낼 수밖에 없지만 해마다 칠월칠석에는 견우와 직녀가 별의 강을 건너 만났다가 헤어진다는 설화가 민간에 널리 퍼졌다. 백성들은 칠월칠석 밤에 한번에 실로 바늘귀를 잘 꿰는지를 보며 그 해의 베 짜기와 옷 짓기가 어떨지 가늠하는 걸교(乞巧)라는 행사를 열었다. 신의 옷, 전의를 짜는 별자리 신 직녀의 솜씨가 사신에게 덧씌워지기를 바라는 데서 비롯된 풍습이다.

대안리1호분에는 베 짜는 여인이 묘사되었다. 5세기 중엽 작품인 대안리1호분 벽화에는 단아한 얼굴에 부드러운 미소를 띤 전형적인 고구려 여인이 베틀 앞에 앉아 베를 짜다가 옆을 돌아보는 모습이 묘사되었다. 덕흥리벽화분의 직녀가 이미 별의 강을 건너 소를 끌고 떠나는 견우를 배웅하며 아쉬움의 눈길을 거두지 못하는 운명적 사랑의 주인공이라면, 대안리1호분의 베 짜는 여인은 자기 일에 몰두하다가 짬을 내어 아름다웠던 시간을 회상하며 또 한 차례의 만남을 준비하는 창조적 사랑의 주연처럼 보인다.

덕흥리벽화분의 직녀, 대안리1호분 벽화의 베 짜는 여인은 5세기 중엽 고구려 방직 작업의 현장, 그와 관련된 민간전승과 설화의 존재를 짐작하게 해 준다. 신라의 수도 서라벌에서 6부 여인의 베 짜기 내기가 연례행사로 치러졌다는 『삼국사기』를 통해 신라가 국가적 산업정책의 일환으로 직물 생산을 장려했음을 알 수 있다. 덕흥리벽화분 속 견우직녀는 전성기를 구가하던 5세기 고구려에서 번창하던 직물 산업, 그것을 가능하게 하던 사회적 힘과 문화적 활력, 그와 같은 흐름 속에서 민간에 회자되던 견우직녀 설화와 온갖 별자리 신화를 한눈에 읽어 내게 하려고 과거에서 날아온 시간의 전령일 수도 있다.

2. 수산리벽화분 벽화, 곡예 관람

1,500여 년 전 고구려 사람들이 즐겼던 교예의 한 장면, 잘 차려 입은 귀족 남자와 여자, 이들을 시중드는 한 무리의 남녀 시종 앞에서 곡예사 세 명이 재주를 부리고 있다(그림 68). 소매와 가랑이가 좁은 저고리와 바지 차림의 한 남자가 무릎을 살짝 굽힌 채 두 다리는 약간 벌리고 엉덩이는 뒤로 뺐다. 목과 머리는 90도 가까이 뒤로 젖히고 하늘을 쳐다보며 두 팔을 크게 벌린 채 바삐 놀린다. 허공을 향한 긴장된 눈길 위에 짧은 막대 세 개와 공 다섯 개가 서로 엇갈리며 오르내린다. 이 남자와 비슷한 복장과 자세의 다른 한 남자는 살이 많은 바퀴를 공중에 던져 올려 굴리고 있다. 두 사람 위쪽에 또 한 사람이 키 높이의 나무다리 위에 올라서서 두 손 끝에 작은 물건을 올린 상태로 춤을 추듯 걷는다.

그림 68 수산리벽화분 벽화, 곡예 관람

수산리벽화분에 묘사된 교예는 재주, 곡예, 기예 등 여러 가지 이름으로 불리던 고구려 놀이의 한 종류이다. 고분벽화에는 교예 장면이 여러 차례 등장한다. 장천1호분의 백희기악도 교예 장면에는 손재주나 발재주에 더해 짐승을 부리는 재주도 묘사되어 있다. 화면 상부의 오른쪽 손님과 주인공 사이 커다란 나무를 무대 공간 겸 도구로 삼아 표현된 것은 원숭이 두 마리를 이용한 짐승 재주이다. 굵은 나무줄기 위에서 아래로 내려오는 황색 원숭이 한 마리는 목에 줄을 매었고 머리에는 하얀 가면과 같은 것을 썼다. 나무뿌리 위에 있는 또 황색 원숭이 한 마리는 흰곰 머리처럼 보이는 가면과 같은 것을 쓴 채 오른쪽의 의자 위에 앉은 무덤 주인을 향해 절을 하는 자세이다.

큰 나무의 오른쪽 손님과 두 시종 사이에는 재주꾼 두 사람이 묘사되어 있다. 앞 사람은 고개를 젖히고 무릎을 굽히면서 엉덩이를 약간 뺀 채, 왼손에 쥐고 있는 공을 위로 던지려고 한다. 오른손에 잡은 짧은 막대 끝에 올린 평판 위에는 공이, 다시 그 위에는 평판, 공이 잇달아 올려졌다. 뒤의 인물은 두 무릎을 조금 굽히고 머리를 젖혔다. 오른손에 작은 곤봉을 잡고 휘두른다. 그의 바로 옆 탁자 위에는 원륜이 하나 놓여 있다. 이 재주꾼의 소도구 가운데 하나일 것이다.

고대 중국에서 잡기, 환술로 분류되던 교예 종목 중에는 페르시아에 기원을 두고 중앙아시아를 거쳐 동아시아 일대로 전해진 것도 있다. '저글링'으로 불리는 손재주 묘기는 동아시아에서는 한(漢)대 화상전에 이미 모습을 보인다. 고구려 고분벽화에서도 확인할 수 있듯이 교예는 악기 반주와 함께 이루어지는 것이 일반적이다. 팔청리벽화분 행렬도에 등장하는 재주꾼은 나무다리 위에 서서 완함 연주에 맞추어 춤을 춘다. 수산리벽화분에 등장하는 재주꾼들도 악기 반주에 맞추어 재주를 부렸을 수도 있다. 그러나 화면 구성상의 어려움 때문에 화공이 연주자들을 묘사하지 않았을지도 모른다.

3. 안악2호분 벽화, 비천

안악2호분은 무덤 칸 벽 모서리와 상부에 묘사된 나무 기둥과 도리, 활개 안의 다양하고 정교한 장식무늬, 천장을 가득 메운 화려하고 세련된 연꽃무늬, 보륜무늬 등으로 잘 알려진 벽화고분이다. 이러한 무늬들과 벽에 묘사된 비천, 공양자 행렬을 보면 마치 무덤 안이 불교사원의 일부인 것 같다.

장천1호분 벽화의 비천이 약간은 어색하고 긴장된 미소를 짓고 있다면 안악2호분 벽화의 비천은 자유스럽고 편안한 얼굴로 보는 이로 하여금 미소로 반응하게 한다(그림 69, 70). 벽화 속의 비천은 잘생긴 고구려의 미소년 같은 얼굴에 살짝 입을 벌려 미소 지으며 팔을 약간 구부리면서 들어 올린 상태로 왼손의 엄지와 검지로 오른손에 받쳐 든 연화반에서 연꽃잎을 집어낸다. 비천의 자

그림 69 장천1호분 벽화, 비천

그림 70 안악2호분 벽화, 비천

세와 표정이 너무나 자연스러워 마치 1,500년 전의 고구려에서 우리에게 보낸 산화 공양 비천의 스냅사진을 보는 듯하다. 미풍을 타는 듯이 비스듬히 뒤로 흐르며 너풀거리는 천의, 연화반 위와 아래로 줄기 달린 연봉오리처럼 부드럽게 흘러 나간 연꽃잎의 움직임을 이루는 허공에서의 어울림 또한 말할 수 없이 자연스럽다.

비천은 본래 하늘을 나는 천인을 가리키는 말이다. 그러다가 자연스럽게 불교에서 말하는 하늘 세계의 존재를 가리키는 대명사가 되었다. 불교적 세계관에 따르면 비천도 윤회의 고리에 매인 존재이다. 그러나 민간신앙의 차원에서는 알게 모르게 업으로 말미암는 인연의 세계에서 자유로워져 정토의 일원이 된 것처럼 인식된다.

중앙아시아 및 동아시아 불교미술에서 비천은 흔히 여래의 무한한 공덕을 기리는 것을 자신의 역할로 삼은 듯이 그려진다. 천의를 걸친 듯 만 듯한 모습으로 연꽃잎을 뿌리며 여래의 주변을 날아다니는 존재로 종종 묘사된다. 어쩌면 깨달음의 세계에 가장 가깝게 다가갈 수 있는 깨닫지 못한 이의 모습, 깨달은 이를 향한 공덕 쌓기를 통해 깨달음의 세계에 더 가까워질 수 있다고 믿는 사람의 안타까운 현재가 비천이라는 존재에 투영되고 있는지도 모른다. 벽화 속 비천의 모습에서 신실한 불교신자로 살아가려고 애쓰던 고구려 귀속의 어떤 순간을 읽을 수도 있다.

덕흥리벽화분에는 수많은 별과 상서로운 새, 짐승 사이로 날아다니는 사람들이 여럿 보인다. 이들 곁에는 선인, 옥녀라는 묵

서명이 붙어 있다. 덕흥리벽화분의 주인공 진은 자신을 석가모니불의 제자[釋迦文佛弟子]라고 했다. 그러나 벽화로 그려진 것은 불교의 천계나 정토가 아니라 불사의 선계이다. 벽화에서 하늘세계의 사람이 불교의 천인이 아닌 선인으로 묘사된 것도 이 때문일 것이다.

고국양왕은 불교를 믿고 받들어 복을 받들라는 왕명을 내렸고 광개토왕은 평양 아홉 곳에 절을 세우며 불교신앙을 장려했다. 그러나 고구려의 상급귀족들은 불교적 내세가 현실감 있게 다가오지 않았다. 안악2호분 벽화의 비천은 덕흥리벽화분 이후 수십 년 사이에 불교에 대한 고구려인의 인식과 태도가 어떻게 바뀌었는지 잘 보여 준다.

5세기 후반 중국 남북조시대 석굴사원 벽화에는 화려한 천의로 몸을 감싼 채 서로 부딪칠 듯 가깝게 허공을 유영하는 비천들이 등장한다. 좁은 공간을 가득 채운 이들의 현란한 몸놀림은 오히려 어지러운 세속을 연상시킬 정도이다. 안악2호분 벽화의 두 비천은 여유 있고 편안하게 넓은 공간을 유영한다. 두 비천으로 말미암아 행렬을 이룬 세 명의 공양자는 고요한 가운데 자신의 내면으로 눈길을 향할 수 있다.

4. 진파리4호분 벽화, 하늘 연못

고분벽화에 등장하는 연못은 새롭고 영원한 삶터로 향하는 통로이자, 이상적인 삶의 출발점인 하늘 연꽃의 모태에 해당한다. 불교에서 연꽃은 깨달음의 상징이자, 깨달은 이의 새 삶이 시작되는 곳이다. 불교의 전생적 내세관에 따르면 인연과 업에 매여 있는 한 하늘, 사람, 아수라, 축생, 아귀, 지옥이라는 여섯 가지 서로 다른 삶의 세계에서 벗어나지 못한다. 모든 생명이 이전의 삶에서 쌓은 선업이나 악업을 바탕으로 새 삶터가 결정되는 것이다. 현세의 사람이 전세에는 축생의 세계에 태어나 소와 말, 원숭이로 살았던 존재일 수 있고, 내세에는 하늘 세계의 존재로 태어나 천왕을 섬기며 지내거나, 아귀로 태어나 배고픔에 시달리며 연명할 수도 있다.

그러나 자연적인 출생과 죽음이라는 과정을 거치며 수없이 반복되는 삶을 통해 끊임없이 쌓은 선업이 산을 이루고 베푼 공덕이 바다를 메울 정도가 되면 존재는 어느 순간 인연으로부터 완전히 자유로워진다. 이 생명은 전생을 더 이상 겪지 않고 윤회적 삶의 굴레에서 벗어난다. 정토 세계의 하늘 연꽃을 자궁으로 삼는 초자연적인 탄생, 연화화생을 통해 정토에 태어나 영원한 삶을 누리게 된다. 고구려 고분벽화의 연못은 이처럼 초자연적인 탄생인 화생의 모체, 연꽃들을 담고 있는 곳이다.

진파리4호분 널길 양 벽에는 하늘 연못이 그려졌다(그림 71). 기암괴석과 울창한 숲에 둘러싸인 연못에는 연이 무성하고 꽃이

그림 71 진파리4호분 벽화, 하늘 연못 모사선화

만발했다. 잔잔한 물결 위로 뻗어 오른 연, 그 위로 핀 연꽃을 중심으로, 연과 상서로운 기운, 인동잎이 상호 대칭을 이룬다. 연못의 위, 허공에 떠 있는 인동연봉오리 두 송이는 연못의 연과 연꽃이 특별한 존재임을 암시한다. 연못을 둘러싼 숲의 푸른 나뭇잎들에는 금분으로 +자형이나 삼각형 무늬가 덧붙어 있다. 이곳이 현실세계의 연못이 아니라는 뜻이다.

연못 위에 수염털 같은 것이 달린 인동연봉오리는 진파리1호분, 백제 무령왕릉 왕비 베개 장식 그림, 고구려계 화사가 제작에 참여한 일본 천수국수장(天壽國繡帳) 잔편, 중국 남북조시대 북조 석굴사원 장식부조, 남조 석관 선각화에도 보인다. 모두 정토에서의 연화화생과 관련된 존재이다. 정토의 모든 생명과 무생명을 탄생시키는 연꽃의 생명력이 담긴 신비한 존재인 것이다.

백제 무령왕의 왕비가 썼던 금제 관식은 활짝 핀 연꽃을 중심으로 좌우에 이 꽃을 감싸듯이 뻗어 오르는 인동을 배치하는 방식으로 중심부를 구성한다. 진파리4호분 연못 중심과 다른 점은 투각문이 좀 더 정교하면서 화려한 느낌을 자아낸다는 점이다. 꽃과 인동을 보주(寶珠) 문양을 매개로 수직적으로 다시 반복하면서 공예품 특유의 좌우 균형과 대칭을 유지한 까닭일 것이다. 무령왕비 관식에서 확인되듯이 문양 속의 연꽃은 보주를 탄생시키며, 보주는 다시 연꽃을 낳는다. 이 연꽃은 수염털 연봉오리에서 시작된 존재이다. 수염털 연봉오리는 어룡, 서조, 천인으로 변화할 수 있는 천변만화의 생명체이다.

연꽃을 둘러싼 이런 관념이 진파리4호분 벽화에서도 확인된다. 진파리4호분 연못에서도 수염털 연봉오리는 용, 서조, 보주, 천인으로 모습이 바뀔 수 있는 존재이다. 이 수염털 연봉오리가 연못 위 허공에 떠 있는 것이다. 고구려인이 바라던 불교적 이상세계, 천수국이 이 연못에서 꽃처럼 피어나기 시작했다면 일본의 천수국수장은 피어난 뒤의 모습을 수로 떠 나타낸 것이리라.

5. 강서대묘 벽화, 현무

현무의 뱀은 양의 기운을 지닌 존재인 수컷에 해당하고, 거북은 음기를 지닌 암컷 역할을 담당하는 존재이다. 뱀과 거북이 얽힌 채 머리를 돌려 서로의 눈길을 마주치고, 입에서 뿜어낸 기운이 허공에서 만나 어우러지는 자웅합체, 음양교합의 자세는 종교론으로는 재생, 우주론으로는 우주적 질서의 회복을 의미한다. 동아시아에는 모든 생명이 북방 아득한 곳에서 나고, 그곳으로 돌아간다는 관념이 있다. 왕이 북방을 등지고 남방을 향해 앉는 것은 우주적 질서의 회복과 유지를 위임받은 존재이기 때문이다. 북방의 수호신 현무는 죽음에서 삶으로, 혼란에서 질서로의 회귀를 상징하는 존재이다. 무덤 칸 안벽, 북쪽에 현무가 그려지고, 이 신수가 죽은 이의 새 삶을 보장하고 지켜 주는 역할을 담당한다고 인식된 것도 이 때문이다.

그림 72 강서대묘 벽화, 현무

강서대묘의 현무는 생략된 배경으로 말미암아 공간적 깊이감이 더해진 벽면을 가득 채우며 서쪽을 향해 나아가는 북방의 수호신이다(그림 72). 뱀은 거북의 몸 뒤편 두 다리 사이를 지나 귀갑을 한 번 휘감은 다음 앞의 두 다리 사이로 빠져나가 거북의 목 앞을 지나면서 반원을 이룬다. 뱀은 다시 이미 한 번 꼬이면서 원을 이룬 자신의 꼬리 부분을 얽은 후 고개를 뒤로 돌린 거북의 머리 쪽으로 자신의 머리를 튼다. 마주 보는 위치에서 비스듬히 허공을 쳐다보는 자세인 거북과 뱀의 크게 벌린 입에서는 강한 기운이 불꽃처럼 뿜어져 나온다. 네 다리로 버티면서 고개를 틀어 올린 거북이 자아낸 운동감과 힘 있게 거북을 휘감은 뱀이 이루어 낸 탄력성, 이로 말미암은 긴장된 조화는 보는 이로 하여금 벽화 속의 현무를 주저하지 않고 당대 최고의 작품으로 평가하게 한다.

초기의 현무는 뱀과 거북의 머리가 길짐승처럼 표현되다가 파충류 형상으로 그려진다. 현무의 무신적 속성에 대한 인식이 사나운 길짐승을 연상케 하는 머리 표현으로 이어졌다가 우주적 수호신으로서의 현무에 대한 인식과 신앙이 깊어지면서 맹수로 묘사하지 않게 된 것이다. 평양 지역 고분벽화에서 현무는 널방의 안쪽 천장고임이나 안벽에 표현된 무덤 주인 부부 곁에서 그 모습을 처음 드러낸다. 무덤에 잠든 이의 수호신 역할을 하는 현무에 대한 인식을 잘 보여 주는 것이다. 6세기 고분벽화에서는 무덤 주인 부부를 비롯해 현무와 공간을 공유하던 존재들은 사라진다. 널방의 안벽 전체가 현무를 표현하기 위한 화면이 된다.

2장

국내성 문화권

1. 각저총 벽화, 씨름

각저총은 벽화로 남아 있는 씨름 장면에서 비롯되었다. 화면에는 두 씨름꾼, 심판을 맡은 듯이 보이는 노인, 커다란 자색 나무 한 그루, 나무 밑동에 사람처럼 기대앉은 곰과 호랑이, 나뭇가지에 앉은 검은 새 여러 마리, 허공에 떠 있는 새구름무늬 등이 보인다(그림 73). 화면에 보이는 두 씨름꾼 모두 상투를 드러냈으며 몸에는 검은 반바지와 하얀 샅바만 걸쳤다. 오른쪽 씨름꾼은 보통의 고구려 사람이나, 왼쪽 씨름꾼은 눈이 크고 코가 높은 서역계 인물이다. 지팡이를 짚은 채 씨름 장면을 유심히 보고 있는 노인의 얼굴은 지워져 보이지 않는다.

벽화의 두 씨름꾼은 서로 상대방 오른쪽 어깨에 머리를 대고 두 손을 뻗어 상대 바지 허리춤을 거머쥐었다. 두 사람은 왼쪽 발을 앞으로 내디디며 무릎을 구부려 허벅지가 서로 상대의 사타구니 가까이서 닿게 한 채 팔과 다리, 온몸에 힘을 주며 상대를 밀거나 들어 올리려 애쓰고 있다. 화가는 짧은 호선 여러 개를 잇달아 긋거나 끝이 약간 말리는 길게 흐르는 선을 몇 자락씩 넣어 두 씨름꾼의 팔과 다리의 근육이 팽팽하게 긴장된 채 불룩거리는 상태를 나타내려고 했다. 두 씨름꾼 모두 입을 약간씩 벌려 가쁜 숨을 몰아쉬는 듯 보이기도 한다. 왼쪽 서역계 씨름꾼의 매부리코 끝에 코털이 삐죽 삐져나온 것도 온힘을 다하느라 숨 가쁜 상태를 보여 주려는 화가의 재치 있는 표현인지도 모른다.

그림 73 각저총 벽화, 씨름 모사도

각저, 수박은 오늘날 씨름, 택견으로 일컫는 힘겨루기 기술을 가리키는 말이다. 씨름 장면은 장천1호분 벽화에도 보이고 수박은 안악3호분, 무용총 벽화에 묘사되었다. 장천1호분의 두 씨름꾼 가운데 오른쪽 사람은 얼굴이 보이지 않는다. 왼쪽 씨름꾼 얼굴은 보통의 고구려 사람이다. 무용총의 수박희 중인 두 남자에서 한 사람은 전형적인 고구려 사람이고 다른 한 사람은 서역계 인물이다.

고대 내륙아시아 사회에는 장례 때 씨름을 행하는 풍습이 있어 이를 진혼 의식과 연관 짓는 견해가 있다. 『일본서기』에는 백제 사신 일행의 사망기사에 이어 씨름이 행해진 사실이 기록되어 씨름이 장의 행사로 행해졌다고 이해된다. 씨름을 죽은 이가 타계로 들어가는 과정의 일부로 보는 것이다.

각저총 씨름 장면의 새구름무늬는 씨름이 현실 세계에서 행해지는 놀이 이상의 의미를 지니고 있음을 암시한다. 화면의 커다란 자색나무에 앉은 검은 새 여러 마리는 하늘과 땅 사이를 잇는 전령일 수 있다. 주몽의 어머니 유화는 비둘기를 전령 삼아 부리에 오곡을 문 채 주몽에게 날아가게 했다. 나무 밑동에 기대앉은 곰과 호랑이는 하늘의 신에게 사람이 되고 싶다고 빈 단군신화의 곰과 호랑이를 연상시킨다. 커다란 자색 나무가 단군신화의 신단수와 같이 하늘과 땅을 잇는 우주나무, 하늘 사다리일 수도 있다. 그렇다면 벽화의 씨름은 새로운 세계의 입구에서 행해지는 의미 깊은 행사라는 해석도 가능하다. 씨름꾼으로 등장하는 서역계 역사는 새로운 세계의 입구를 지키는 문지기이고, 고구려계 역사는 죽은 이를 위한 길잡이일 수도 있다.

2. 무용총 벽화, 사냥

고구려에서는 매년 삼월삼짇날 낙랑언덕에서 왕과 5부의 군사가 모두 참여하는 대규모 사냥대회를 열고 그 수확물로 천지에 제사를 지냈다고 한다. 바보와 울보의 세기적 사랑으로 유명한 온달이 큰맘 먹고 참가한 사냥대회가 바로 이 행사이다. 온달은 이 대회에서 '으뜸 사냥꾼'의 자격으로 아내 평강공주의 아버지 평원왕 앞에 섰다. 온달은 이 자리에서 장군의 호를 얻었을 뿐 아니라 왕의 사위로도 인정받았다.

고대사회에서 사냥은 먹을거리를 얻기 위한 활동 이상의 의미를 지닌 행위였다. 정기적으로 열렸던 '낙랑회렵(樂浪會獵)'같이 일정한 규모를 넘어서는 사냥대회는 군사 훈련이자 종교 행위였다. 활에 의존하는 기마사냥, 창을 주로 쓰는 도보사냥, 매를 이용하는 매사냥, 몰이꾼과 사냥개를 이용한 짐승몰이 등이 복합적으로 어우러진 사냥은 적진 탐색과 정보 수집, 전략·전술의 수립, 수색, 기마전과 도보백병전의 효과적 배합과 전개, 전략적 전진과 후퇴, 매복, 역공, 다양한 기구를 이용한 공성 등으로 이루어지는 군사작전과 내용상 크게 다를 것이 없었다. 고대 문헌에 왕과 귀족이 참가하는 전렵기사가 수시로 등장하는 이유가 여기에 있다. 사냥은 산야의 짐승을 적으로 상정한 모의 전투였다.

무용총 벽화의 사냥도는 사냥자와 짐승들 사이에 형성되는 사냥터 특유의 쫓고 쫓기는 급박한 흐름이 힘 있고 간결한 필치로 잘 표현되어 있다(그림 74). 놀라 달아나는 호랑이와 사슴, 말을 질주시키며 정면을 향해, 혹은 몸을 돌려 활시위를 당기려는 기마 인물의 자세는 굵기에 변화를 준 물결무늬 띠를 겹쳐 표현한 산줄기로 말미암아 한층 더 속도감과 긴장감이 느껴진다. 강약이 조절된 필치와 짜임새 있는 구성 속에서 짐승과 사람, 산야의 어울림이 크고 생생한 울림이 되어 바깥으로 터져 나오는 듯한 분위기가 화면을 가득 채운다.

벽화의 사냥도는 현대인의 눈에 익숙한 단일 시점 중심의 원근법, 사물의 크기에 맞춘 비례 표현 등이 무시된 그림일 수 있다. 그러나 중요시되는 것을 크게 그리던 당대 회화의 일반적 표현 기법에 충실했던 것뿐이다. 화공의 사물 묘사 능력이나, 기법의 한계로 말미암은 것은 아니다. 오히려 활시위를 당기거나 사냥꾼의 활을 피해 달아나는 짐승들의 자세와 표정은 사실적이고 정확하다 못해 생생하다. 무용총 벽화의 사냥도에 특별히 세인의 관심이 집중되는 것도 바로 이 때문이다.

고분벽화의 사냥도를 보면 고구려에서 행해지던 사냥의 종류와 방법, 사냥 대상 등을 파악하는 데 큰 도움이 된다. 안악1호분 사냥도에서 확인되는 매사냥 장면은 삼실총의 매사냥 함께 현재

그림 74 무용총 벽화, 사냥 모사도

까지 전하는 매사냥의 오랜 유래를 알려 주는 귀중한 역사자료이다. 덕흥리벽화분의 사냥도는 다양한 별자리 및 하늘 세계의 존재들과 한 공간에 표현됨으로써 고구려에서 사냥이 지니던 종교, 신앙적 측면을 잘 드러낸다. 덕흥리벽화분 사냥도에서는 새를 사냥하는 데 매가 아닌 활을 사용하는 장면도 있다. 약수리벽화분의 사냥도에는 곳곳에 괴운문을 그려 넣어 사냥의 신성성을 강조한다. 약수리벽화분 사냥도에는 산봉우리 사이에서 모습을 드러내며 짐승들을 넓은 들판으로 몰아내는 데 열중하는 몰이꾼들도 묘사되었다.

장천1호분의 사냥도는 내용이 풍부하고 다양하다. 사냥도는 화면 왼쪽을 향하여 질주하는 3열 종대의 수렵대와 왼쪽 끝 나무 동굴의 곁에서 오른쪽을 향하여 추적해 나가는 사냥꾼 세 명, 사냥꾼들 사이로 놀라 황급히 달아나는 짐승들로 구성되었다.

눈길을 끄는 것은 나무 동굴이 있는 화면 왼쪽이다. 가지와 잎이 무성한 자색 나무의 뿌리 아래에는 커다란 황색 나무 동굴 안 녹색 가지와 잎 아래에 검은 곰 한 마리가 웅크리고 있다. 이 부분은 사냥을 둘러싼 현실 세계의 급박하고 거친 호흡을 떠올리기보다는 사람과 짐승이 함께 꾸려 나가던 신화 세계의 한 장면을 연상시킨다.

어깻죽지에 화살 한 대를 맞고 놀란 채 당황하여 왼쪽으로 급히 달아나던 거대한 녹색 멧돼지는 긴 창을 꼬나든 채 앞을 가로막고 버티고 선 도보 사냥꾼을 발견하고 깜짝 놀라 눈을 부릅뜨고 입을 크게 벌려 으르렁거린다. 고구려군이 전투 중에 시도한 협공작전이 성공하는 장면을 눈앞에서 보는 듯하다.

고구려에서 사냥은 제사에 쓰일 희생 짐승을 준비하는 과정, 곧 제의 절차의 일부이기도 했다. 시조 주몽이 하얀 사슴을 잡아 거꾸로 매달아 울음을 유도해 하늘로부터 폭우를 내리게 했다는 이야기가 시사하듯 고구려인에게 사냥으로 획득한 희생 짐승은 살아 있건 죽었건 사람과 하늘 사이를 잇는 교통수단이었다. 하늘과 사람 사이에 의사소통을 해야 할 때, 고구려 사람들은 희생 제물을 마련하기 위해 사냥에 나서야 했다.

고구려에서 제의용 희생 짐승으로는 사슴, 노루, 고라니 등이 선호되었다. 왕이 참가한 사냥에서 포획한 짐승들 대부분이 이러한 사슴 종류이다. 다른 어떤 짐승보다도 크게 표현되는 벽화의 사슴 사냥 장면. 대상 중심의 비례표현법을 쓰는 고대사회의 관례화된 표현기법을 고려할 때, 무용총 벽화의 사슴 역시 제의용 희생 제물로 쓰기 위해 사냥되었을 가능성이 크다.

3. 통구12호분 벽화, 적장 참수

두 무리의 군대가 넓은 벌판에서 마주친다. 장수 두 사람이 말을 탄 채 자기 무리에서 나와 벌판 한가운데에서 마주 본다. 한 장수가 발한다. "나는 아무개의 4세손 아무개이다. 그대는 어느 집

안의 자손 누구인가." 다른 장수가 말한다. "나는 아무개의 4세손 아무개이다. 조상의 명예를 걸고 그대와 한 판을 겨루고 싶다." 두 장수의 창날이 번득이고 주인을 태운 전마 두 마리가 서로를 향해 부딪칠 듯 달려든다(그림 75). 황해도 신천 벌에서 마주친 고구려와 백제 군대 사이에 일어난 일이다. 두 나라 군대를 대표하여 앞으로 나선 고구려 장수와 백제 왕자가 일합을 겨루기에 앞서 당시의 관례에 따라 통성명을 하는 장면이다.

승자가 말에서 내린 뒤, 패자가 된 장수 앞으로 나와 절을 하며 말한다. "나는 어느 성의 군관 아무개요. 대왕의 목을 앞으로 내놓으시오. 베어야겠소." 패자가 말한다. "원통하구나. 그대의 요구는 예에 어긋난 일이나 패자에게 무슨 할 말이 있으리오. 내 목을 베라." 승자의 큰 칼이 패자의 목 줄기 위로 번쩍이자 패자의 목에서 피가 솟구친다. 백제 성왕이 신라군과 치열한 전투를 벌이던 백제·가야 연합군을 격려하러 가다가 신라군의 매복에 걸려 호위하던 소수의 기사를 모두 잃고 신라의 한 지방군관의 손에 최후를 맞는 장면이다.

통구12호분 벽화에는 위의 두 번째 장면을 사진 촬영하듯이 '현재'의 사건으로 옮겨 박제한 그림이 있다(그림 76). 투구를 쓰고 비늘갑옷을 입은 무사 한 사람이 역시 비슷한 복장을 한 다른 무사 한 사람의 목을 베는 순간을 벽화로 남긴 것이다. 패자는 무릎을 꿇은 채 목을 늘어뜨렸으며, 승자는 왼손으로 패자의 투구 끝을 잡고, 오른손에 쥔 둥근고리 큰 칼을 높이 치켜들었다. 승자는

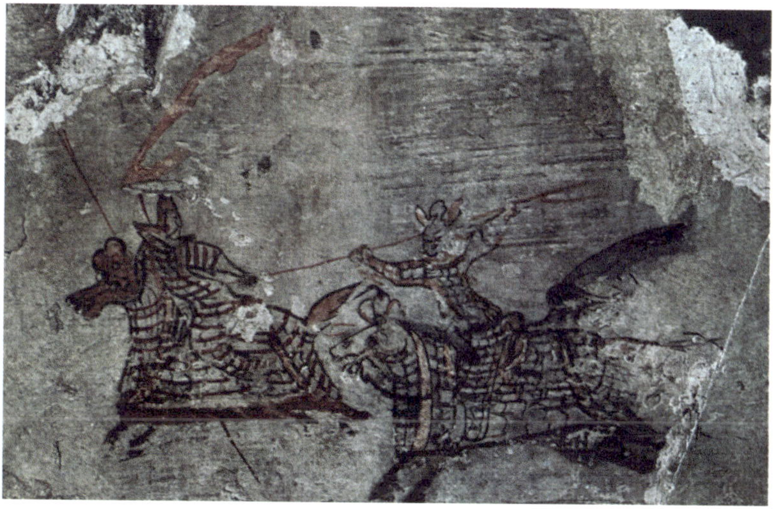

그림 75 삼실총 벽화, 기마 전투

그림 76 통구12호분 벽화, 적장 참수

오른발 못신으로 패자가 놓친 듯한 긴 창을 밟았고, 왼발 못신으로는 긴 칼을 놓지 않고 있는 패자의 손등을 밟고 있다. 칼날의 번득임이 그림으로 표현된 것으로 보아 이미 패자의 눈꺼풀 위로는 죽음의 그늘이 드리우는 중이리라. 승자나 패자에게나 삶과 죽음 가운데 어느 것이 자신의 몫이 될지 모르던 조금 전의 긴박한 기마전도 이 순간에는 아득한 과거의 사건이 되어버렸다(그림 76).

통구12호분 벽화에서 적장의 무기를 밟고 있는 고구려 장수의 못신은 이러한 종류의 신발이 전투에서 쓰기 위해 제작되었음을 한눈에 알 수 있다. 삼실총 제2널방 벽에 그려진 장수 역시 갑옷과 투구로 머리와 몸을 가리고 발에는 못신을 신었다. 못신은 고구려 갑주무사들의 필수품 중 하나였음을 알 수 있다.

고구려 장수와 적장이 몸을 보호하기 위해 착용한 투구, 목가리개, 비늘갑옷, 못신 등은 귀족 전사들에게만 허용되었다. 통구12호분 외에도 안악3호분, 덕흥리벽화분, 약수리벽화분 행렬도 철기의 무장에 쓰였음이 확인되는 철제 비늘갑옷은 방어력도 높고 가벼워 움직일 때 제약이 적은 선진적인 무장용구 중의 하나였다. 5세기까지 한반도 남부 가야 지역에는 이런 장비들이 알려지지 않았다. 삼실총 제1널방 공성도 기마전에 등장하는 두 기사는 말까지 비늘갑옷에 투구로 무장시켰다. 당시로서는 최상의 무장을 갖추고 전장으로 나온 셈이다. 두 장수 사이에 목숨을 건 일합은 불가피했고, 통구12호분 참수도에서 보듯이 어느 순간 승부는 가려지고 패자는 죽음을 맞게 된 것이다.

승자에게 재화와 인력을 약탈할 기회를 주는 것이 당연시되던 시기였던 까닭에 국운이나 가운을 건 전투의 전면에 나서 승패를 좌우하는 것은 귀족 전사들이었다. 좌식자로 불렸던 고구려의 귀족 전사들이 전사를 명예로 여기게 된 것도 이 때문이다. 전투도의 적장처럼 패자의 죽음이 언제 내 몫이 될지 알 수 없지 않은가.

4. 삼실총 벽화, 우주역사

삼실총에는 두 다리는 기마 자세를 취하고 두 팔로는 천장고임 아래쪽을 떠받쳐 든 우주역사들이 등장한다(그림 77). 역사들은 눈이 크고 코가 뚜렷하며, 허리는 잘록하다. 역사의 두 다리에는 각각 뱀이 한 마리씩 감겼으며 온몸에서는 상서로운 기운이 뻗어 나온다. 제3널방에는 벽마다 하늘 세계를 떠받드는 우주역사를 한 사람씩 그렸다. 동북벽 역사의 두 팔소매 끝은 연꽃잎무늬로 장식되었으며, 주저앉듯이 버티고 선 두 다리의 종아리 위는 뱀이 감고 있다. 서남벽의 역사는 뱀이 감긴 오른팔로 천장고임 아래쪽을 떠받치고, 왼팔로는 기둥을 밀어내듯이 짚었다. 두 눈은 부릅뜨고, 이는 악물었다. 크고 둥근 눈, 오뚝한 코, 짙은 구레나룻 등을 볼 때 역사들은 이복구비에서 서아시아 및 중앙아시아 지역 코카서스계 인종이다. 버티고 선 두 팔소매 끝의 연꽃잎무늬, 두 다리를 감은 뱀에서는 인도 및 서아시아 종교문화의 흐름이 느껴진다.

그림 77 삼실총 벽화, 우주역사 모사도

사람들은 흔히 쓸데없는 걱정을 할 때 '기우야'라는 말을 한다. '기우'는 사실 우주의 형태, 땅과 하늘, 바다의 재질, 자신이 사는 세계의 안정성에 대한 고대인의 가장 진지하고 원초적인 의문과 고민을 압축적으로 나타내는 말이다. 중국의 창세신화의 거인 반고(盤古)는 땅과 하늘을 나누기 위해 땅을 딛고 하늘을 떠받치느라 키가 9만 리나 높아진다. 우주와 만물의 어머니 여와는 거대한 거북의 다리를 잘라 한쪽이 기운 땅의 네 귀퉁이에 꽂아 하늘이 무너져 내리지 않게 한다.

그리스 신화의 아틀라스도 지구를 짊어진 거인이라는 점에서는 거대한 거북과 다름없다. 땅이 바다 위에 떠 있다면 이리저리 흘러 다녀도 곤란하다. 거대한 기둥과 같은 것으로 받쳐 놓지 않았다가 하늘이 받침 없는 천장처럼 무너져 내리면 어쩔 것인가? 받치는 기둥 가운데 하나가 짧아 한쪽이 기울어져도 상황은 심각해진다. 그러니 땅과 하늘을 떠받치는 거인은 반드시 있어야 한다.

장천1호분 벽화에도 '기우'를 덜어 주는 우주역사가 등장한다. 장천1호분의 우주역사는 앞방 천장고임 네 모서리 각층 삼각석 측면에서 모습을 드러낸다. 이들도 이목구비가 크고 또렷한 코카서스계 사람이다. 두 다리로 버티면서 두 팔로 위를 받친 역사의 부릅뜬 눈, 악문 이, 팽팽하게 긴장된 온몸의 근육이 한없이 내리누르는 우주의 무게를 그대로 느끼게 한다.

삼실총 및 장천1호분 벽화의 역사는 불교와 함께 불교문화의 일부로 고구려에 전해진 인도 및 서아시아 문화의 한 요소이다. 이 역사들은 4~5세기에 많이 그려진 중앙아시아 석굴사원 벽화 및 중국 북위시대에 석굴사원 조각 중의 주유(侏儒)와 비교될 수 있다.

중국미술에도 이른 시기부터 '땅과 하늘 세계를 떠받치는 역사'가 표현된다. 그러나 개념과 형태에서 고구려 고분벽화의 역사와는 구별된다. 중국 후난성 장사 마왕퇴1호묘에서 나온 전한시대 백화 속의 역사는 거대한 괴어를 발판으로 삼아 머리 위의 세계를 떠받친다. 그러나 이 역사는 이목구비와 몸의 형태, 몸체의 세부 표현과 자세의 긴장도에 이르기까지 삼실총 및 장천1호분 벽화의 역사와는 거리가 있다. 마왕퇴1호묘 백화의 역사는 중국 고대 설화에 등장하는 곤(鯤)이나 우강(禺彊)으로 이해된다. 중국 나름의 우주역사인 것이다. 이 역사를 수백 년 뒤 고구려 고분벽화에 나타나는 역사와 연결시키기는 어렵다.

5세기 중엽의 고구려는 동아시아 4대 강국의 하나이자 동북아시아의 패권국으로 내외에 위세를 과시하며 서아시아까지 이어지는 외부 교역로를 통해 다양한 계통의 문화를 받아들였다. 이 시기 고분벽화에서 보이는 서역계 문화요소들은 이와 같은 사회적 흐름의 산물이다. 인도 및 서아시아풍 우주역사가 삼실총 벽화의 주인공으로 등장하는 것도 이 시대의 활발한 동서교역이 낳은 결과인 셈이다.

5. 오회분4호묘 벽화, 해신과 달신

고대, 중세사회에서는 신성한 힘과 권위가 하늘에서 나온다고 주장했다. 하늘의 신성한 힘은 빛을 쏘는 해, 물을 머금은 달에 담겨 있다고 믿었다. 오회분4호묘 벽화에 두 손으로 해와 달을 받쳐 든 모습으로 자신을 드러낸 해신과 달신은 반인반수이다(그림 78). 위에는 사람, 아래는 용인 신은 중국의 화상석과 화상전, 고분벽화에도 빈번히 나타난다. 그러나 오회분4호묘 벽화에 묘사된 해신, 달신과 같이 세련되면서도 힘 있는 모습은 아니다.

고대 중국 신화와 미술에서 해, 달과 관련된 존재는 인신용미(人身龍尾)의 신 복희, 여와이다. 신화에서 복희와 여와는 땅과 하늘을 나누고, 인간과 만물을 만들어 낸 창조신이다. 한(漢)의 화상석에서 복희, 여와는 각각 한 손에 해, 달을 받쳐 든 채 서로의 꼬리를 얽어 음양교합 중임을 드러내거나, 배 앞에 해, 달을 안은 채 서로를 바라보는 모습으로 나타난다. 복희, 여와가 창조신이자 해신, 달신이 된 것이다. 빛과 물로 생명이 창조되고 소멸됨을 감안하면 복희, 여와가 빛으로 채워진 해, 물로 가득한 달을 관장하는 신으로 상정되는 것은 자연스러운 현상이다.

오회분4호묘 벽화의 복희형 해신과 여와형 달신은 시원스럽고 또렷한 이목구비, 길고 갸름한 얼굴을 지닌 전형적인 고구려인이다. 좌우로 힘 있게 펼쳐진 날개옷의 깃, V자형으로 휘며 강하게 뻗어나간 용꼬리, '一'자형에 가깝게 앞뒤로 뻗은 두 다리와 긴장

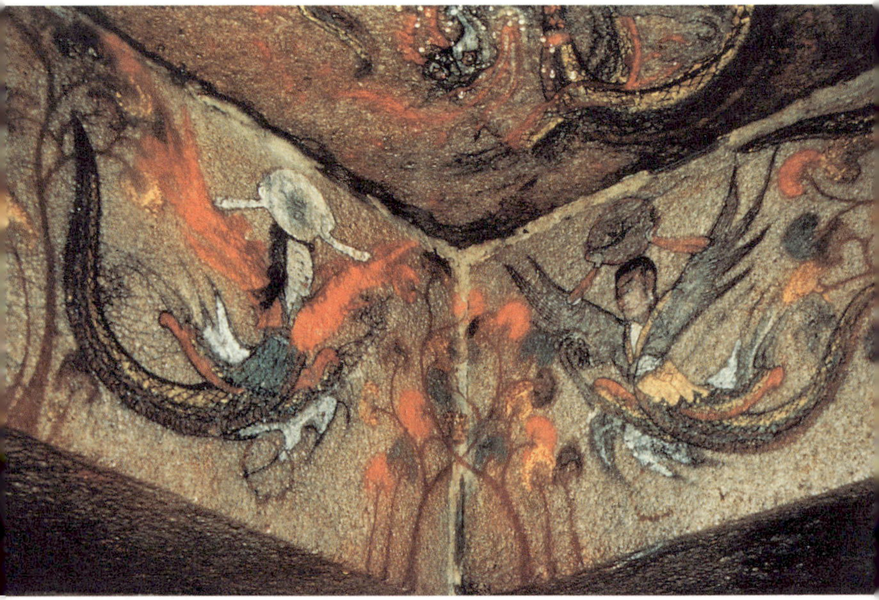

그림 78 오회분4호묘 벽화, 해신과 달신

되게 휘어진 발톱이 어울려 자아내는 역동감과 긴장감이 눈에 가득 들어온다. 벽화 속 해신, 달신의 얼굴에 흐르는 부드러운 미소와 몸 전체를 휘감고 나아가는 강한 기운이 만들어 내는 묘한 울림을 중국의 화상석, 화상전, 고분벽화, 동경 등에 묘사된 복희와 여와의 모습에서는 발견할 수도, 느낄 수도 없다.

고구려 사람들은 시조 왕 주몽을 해의 정기와 달의 재생력을 한 몸에 구현한 인물, 곧 생명을 살리고 죽이는 힘을 지닌 신적인 존재로 여겼다. 실제 신화 속 주몽은 어머니 유화가 자신이 잊고 가져가지 못한 곡식 종자들을 비둘기의 목에 넣어 보내자, 비둘기를 활로 쏘아 떨어뜨린 다음 부리에서 곡식 종자를 꺼낸 뒤, 입에 머금은 물로 죽은 비둘기를 되살려 보낸다. 고구려를 세운 시조 왕 주몽은 새를 전령으로 삼아 물의 신이자 곡식의 신인 어머니와 소식을 나누고, 빛의 화살로 생명 속의 씨앗을 받으며, 자신이 앗았던 생명을 물로 되살리는 '진정한 해와 달의 아들'이었던 것이다. 하늘과 땅, 빛과 물, 해와 달의 아들 주몽이 세운 나라 고구려에 산다는 자부심이 오회분4호묘 벽화의 해신과 달신으로 형상화된 것이다.

부록

벽화를 보다

고분벽화는 직접 보기 어려운 유적이다. 북한과 중국에 소재한 고구려 벽화고분은 분단국가 한국에 살던 필자에게 1990년까지는 아예 접근 불가였다. 필자는 처음에 고구려 고분벽화를 연구 대상으로 삼으면서도 두 눈으로 직접 보고 한 귀퉁이나마 손으로 만져 볼 수 있으리라고는 생각지도 못했다. 광복 후 북한이나 중국에서 발간한 발굴보고서라도 볼 수 있다면 그것만으로도 감지덕지였다. 원본을 복사하고 한 차례 더 복사하면 글자조차 뭉그러져 잘 보이지 않는다. 그러나 글자가 보일 듯 말 듯한 상태로나마 유적조사 보고서를 구해 볼 수 있었을 때의 감격은 지금도 잊을 수 없다.

그런데 우연치 않게 시작된 국립중앙박물관 학예연구사 생활이 그것을 가능하게 할 줄이야. 1991년 봄, 당시 국립중앙박물관장이시던 한병삼 선생님의 특별한 배려로 아시아사학회 주최 국제학술대회 참여자로 한국과 일본의 고고미술사 및 한국고대사 분야 여러 대가, 중진 들과 함께 미수교 국가이던 중국의 지린성 창춘에 가게 된 것이다. 학술대회 기간 중 통화를 거쳐 고구려의 두 번째 서울이자 고구려 고분의 도시 지안을 방문하여 유적답사를 할 계획도 잡혀 있었다. 김포를 떠나 일본 도쿄, 중국 베이징을 경유하여 지린성 창춘에 이르는 길은 간단치 않았다. 창춘 심포지엄을 마친 뒤 기차로 통화에 닿고 다시 버스를 타고 지안에 이르는 노정도 쉽지 않았다. 눈과 얼음이 곳곳에 남아 있는 노령 고갯길에서 차가 미끄러지는 등의 어려움을 겪었다. 아직 개혁개방의 물결이 중국 동북의 변경지대에까지는 미치지 않은 상태였기에 외국인의 단체 이동이 자유롭지 않았다. 부서별 협조도 원활하지 않았다. 통화에서 지안으로 들어갈 때는 북한과의 국경을 관할하는 군의 검문검색도 여러 차례 거쳐야 했다.

국경도시 지안의 옛 초대소 건물에서 여장을 푼 뒤 이틀에 걸쳐 광개토왕비, 장군총, 국내성 안팎에 산재한 여러 기의 대형 적석총, 봉토석실분, 국내성과 환도산성, 산성하고분군을 답사할 기회가 있었다. 오회분5호묘, 각저총, 무용총 내부에 들어가 벽화를 실제로 보는 행운도 허락되었다. 고구려의 두 번째 서울 국내성에 들어왔다는 사실만으로도 무척 감격스러웠다. 외국사람들을 거의 본 적이 없는 지안 주민들의 호기심 어린 눈초리마저 전혀 불편하지 않았다. 남북한과 일본, 중국학자들 사이에서 지난 100년 동안 비문 해석을 둘러싼 논란이 거듭되었던 광개토대왕비를 직접 본다는 사실만으로도 학자들은 크게 흥분했다. 필자는 그 정도가 아니었다. 꿈도 꾸지 못했던 고구려 벽화고분 안에 들어갈 수 있다는 이야기를 들은 순간부터 반은 꿈속에 있었기 때문이다.

벽화는 예상했던 것보다 훨씬 생생하고 밝았다. 우리 일행이 무덤 안에 들어서기 직전까지 마치 고구려 화공이 붓을 대고 있었던 듯한 느낌이 들 정도였다. 오회분5호묘의 사신(四神)을 그리는 데 사용된 붉은빛 안료[주사(朱沙)일 것이다!]는 손을 대면 곧 묻어날 것 같은 느낌이 들 정도로 선명하면서도 짙었다. 표현 대상의 윤곽선은 살아 있었고 물기가 미처 가시지 않은 것처럼 보였다. 물론 무덤 내·외부 온습도 차로 말미암은 이슬 맺힘 현상은 있었지만 안료를 묻힌 붓질 직후에 느껴 볼 수 있는 생생함이 고분벽화에 고스란히 남아 있었다. 보는 이들은 누구나 놀라서 눈이 휘둥그레져 감탄사를 연발했다. 각저총과 무용총은 무덤 칸 안이 좁아 두 팀으로 나누어 들어가야만 했다. 선학들의 배려로 필자는 무덤 문이 열린 뒤 다시 닫힐 때까지 내내 무덤 안에 남아 있을 수 있었다

무덤 안에 입장한 선학들은 벽화의 생생함에 감탄사를 연발한 뒤 안내원의 요구대로 곧 나갔다. 그러나 벽화 전공자인 필자는 무덤 안에 머무르면서도 두 팀이 벽화고분 안을 들고 나는 시간이 너무 짧다고 느꼈다. 촬영은 일절 허용되지 않았다. 필자는 '벽화의 형상, 기법, 색채, 보존 상태 등을 어떤 렌즈보다도 뛰어나다는 사람의 두 눈에 깊이 담아가야겠다!' 마음먹고 내내 벽화만 들여다보았다. 언제 다시 이 무덤들 안에 들어올 수 있을지 알 수 없지 않은가! 실제 각저총과 무용총은 그때 들어가 본 것이 처음이자 마지막이었다. 중국 여행이 자유로워진 다음부터 여러 차례 지안을 방문했지만 각저총, 무용총은 외부만 몇 차례 볼 수 있었을 뿐이다.

고구려 화공들의 붓끝에는 자신감이 실려 있었다. 그려진 대상들은 그린 이의 힘을 받은 탓인지 움직임에 강한 기운이 깃들어 있었다. 그렇다고 선이 거칠지도 않았다. 다만 1935년 발굴조사

당시와는 비교도 할 수 없을 정도로 화면이 심하게 손상된 상태임을 확인하자 마음이 아팠다. 중국 측이 보존 처리의 한 방안으로 벽화 표면에 화학물질로 막을 입힌 까닭에 벽화가 숨을 쉬지 못하게 된 결과라는 생각이 들었다. 20세기 초 고구려 벽화고분이 재발견되면서 비롯된 불가피한 재앙인지도 모른다!

중국 소재 고구려 고분벽화는 필자가 벽화에 대한 첫 논문을 발표한 지 3년 만에 두 눈으로 직접 볼 수 있었다. 하지만 북한의 벽화고분 안에 들어가 볼 기회는 쉽게 오지 않았다. 북한 소재 고구려 고분벽화는 국립중앙박물관에 소장된 『조선유적유물도감』(북한 출간)의 도판을 뚫어지게 바라보면서 실견하는 듯한 느낌에 빠져드는 수밖에 없었다. 북한의 고분벽화를 직접 보지 못한 채 시간은 다시 흐르기 시작했다. 중국에 갈 때처럼 어느 날 갑자기 차례가 올지도 모른다는 막연한 기대를 품어 볼 뿐이었다.

1993년 3월 국립중앙박물관에서 울산대학교로 직장을 옮긴 뒤에도 한동안 북한행은 어려운 듯 보였다. 여전히 불편한 상태이던 남북관계로 보아 중국과 달리 북한 벽화고분의 문은 쉽게 열리지 않을 듯했다. 그나마 1997년 여름 도쿄 방문길에 조선대박물관에서 북한 소재 덕흥리벽화분 복원품을 접할 수 있던 것이 필자에게는 귀중한 경험이 되었다.

북한행은 2004년 6월에야 이루어졌다. 그 해 7월 중국 쑤저우에서는 북한과 중국 소재 고구려유적의 세계유산 등재 여부를 다룰 유네스코 세계유산 총회가 열릴 예정이었다. 이 행사를 앞두고 남북한 사이에 KBS 취재진의 북한 고구려유적 답사가 합의되었던 것이다. 필자와 서길수 교수, 여호규 교수가 자문단의 일원으로 KBS 취재진과 평양에 발을 들여놓을 수 있었다. 8박 9일의 평양 일정에는 평양성, 대성산성, 안학궁, 정릉사지, 평양력사박물관 및 미술관 방문 외에 강서대묘와 강서중묘, 진파리1호분, 수산리벽화분, 덕흥리벽화분 등 북한 소재 고구려 벽화고분 답사도 포함되어 있었다. 고분벽화에 대한 첫 논고를 발표한 시점부터 계산해도 꼬박 16년 만에 평양 일대의 고구려 벽화고분 안에 들어갈 수 있는 기회를 맞은 셈이었다.

KBS측과 북측 민화협 사이에 일정의 세부적 진행 절차를 둘러싸고 신경전을 벌였다. 하지만 KBS측이 벽화고분 안에 들어가 벽화를 촬영하는 것으로 일단락되었다. 세부적인 고증과 설명을 위해 촬영시간 내내 필자가 벽화고분 안에 있는 것도 허용되었다. 중국의 벽화고분들과 달리 북한의 주요 벽화고분들은 벽화 보호 차원에서 무덤 칸 중심공간과 벽화 사이에 유리막이 설치되어 있었다. 돌로 만든 관대까지 유리막 안에 포함된 강서대묘는 무덤 안에서 사람이 운신할 공간이 극히 좁았다. 덕흥리벽화분은 벽화와 20~30센티미터 거리에 유리막이 설치되어 촬영은 어려웠으나 무덤 안에서 사람이 움직이는 데는 오히려 여유가 있었다. 북측 안내자들은 유리막 안으로 들어가서 벽화를 보거나 촬영하는 것을 금지했다. 이 때문에 온습도 차와 사람의 입김으로 말미암아 희부옇게 수막이 낀 유리막을 사이에 두고 촬영과 관칠이 이루어졌다. 아쉬웠지만 유리막 너머로나마 벽화를 볼 수 있다는 것만으로도 '하나님, 감사합니다.'를 몇 번이나 되뇌었는지 모른다.

오회분5호묘 벽화에서처럼 강서대묘와 강서중묘 벽화에서도 두껍게 칠해진 주사(朱沙)의 생생한 빛깔은 눈에 강하게 들어왔다. 색이 '살아 있다!'라는 감탄사도 과장이 아닐 수 있는 바로 그런 경우이다. 수산리벽화분 귀부인의 색동치마, 시녀들의 주름치마 선은 자로 대고 그었음을 확실히 알 수 있었다. 인물들의 얼굴, 특히 눈을 묘사하는 붓질이 대단히 섬세하다는 사실도 새삼 눈에 들어왔다. 5세기 중반 고구려 화가의 인물 묘사력은 아마도 이웃 중국 남북조를 포함한 주변 어떤 나라 화가들과 비교해 보아도 나았으면 나았지 밀리지 않는다는 확신이 들었다.

자연스러운 온습도 조절이 되지 않는 환경 탓인지 수산리벽화분의 사람과 집, 도구 들은 붉은 곰팡이의 공격을 받고 원래의 모습을 잃어 가고 있었다. 귀부인의 얼굴과 머리, 어깨에는 붉은 곰팡이가 가득 핀 상태였다. 그림이 있는 회벽이 돌벽에서 떨어져 나갈 위험성도 커 보였다. 북한 문화보존지도국 관계자는 돌벽과 회벽 사이에 생긴 공기를 주삿바늘로 뺀다고 했다. 그러나 벌어진 틈이 잘 좁혀지지 않는다며 걱정한다. 다음에 오면 어떤 상태일까 하는 안타까운 생각마저 들었다.

2005년 초여름 다시 한번 평양 방문이 이루어졌다. 이사장 김정배 선생님을 단장으로 한 고구려연구재단 평양유적조사단의 일원으로 베이징에서 고려항공 비행기에 올랐다. 2004년 평양 방문이 북한 고구려유적의 유네스코 등재를 돕기 위한 차원이었다면(실제 북한의 고구려유적은 중국의 것과 함께 2004년 7월 유네스코 세계유산으로 동시 등재되었다) 이번 답사는 남북공동으로 고구려유적조사보고서를 출간하기 위한 것이었다. 답사 대상이 된 벽화고분에는 2004년에 보았던 5기 외에 안악3호분과 태성리3호분이 더해졌다. 외부인의 접근을 제한하던 황해도 안악 지역 소재 안악3호분에 입장할 수 있게 되었으니 필자로서는 더할 나위 없이 고마운 답사 일정이었다.

2004년과 달리 북측은 우리 조사단의 촬영담당자를 포함한 일부 단원들의 벽화 촬영을 허용했다. 그러나 높은 습도로 말미암아 보조 촬영만 시도할 수 있었을 뿐이다. 안악3호분도 무덤 안은 유리막으로 벽화와 가운데 공간이 나뉜 상태였다. 필자는 보조 촬영차 유리막 안으로 들어가 벽화의 상태를 자세히 관찰할 수 있었다.

벽화고분 안에 들어갈 때면 필자는 점심 식사도 건너뛰었다. 무덤 안에 몇 분만 머무르면 이내 온몸이 젖었다. 카메라 렌즈에 부옇게 수막이 형성되면 촬영은 마음과 눈으로 해야 했다. 북측 민화협 사람은 무덤 안에 있으면 으스스하다며 안에서 나오지 않으려는 필자를 이상하다는 표정으로 쳐다보았다.

안악3호분 벽화도 방금 붓을 뗀 듯 생생하기는 마찬가지였다. 그러나 벽화의 보존 상태는 날로 악화되고 있었다. 서쪽 곁방에 그려진 귀부인의 얼굴과 머리 부분은 얇게 벗겨지고 있었고, 벽과 천장 사이를 장식한 여러 가지 무늬는 희미해져 일부는 보이지 않았다. 무덤 돌방을 덮은 흙무지가 과하게 높아진 탓인지 천장 고임 석재에는 금이 간 곳이 많아 철제 기둥으로 받친 상태였다. 『조선유적유물도감』 도판에서 보던 것보다 석재의 틈이 더 벌어진 것처럼 보였다. 북측 벽화보존 담당자는 벽화의 손상을 막을 수 있는 적절한 대책이 마련되기 어렵다며 필자와 마주 보며 안타까운 표정을 지을 뿐이었다. 답사 일정 중 안악3호분에 하루를 배정한 까닭에 필자는 하루 종일 무덤 안에 머물 수 있었다. 필자에게는 이날이 2005년 평양 방문 기간 중 가장 기억에 남는 하루였다.

미주

1) 전호태(1997), 「고구려고분벽화: 강서대묘 벽화의 현무를 중심으로」, 『한국사시민강좌』 25, 일조각.

2) 太田天洋(1913), 「朝鮮古墳壁畵の發見に就て」, 『美術新報』 第12卷 第4号.

3) 전호태(2006), 「국립중앙박물관 소장 일제강점기 고구려고분벽화 모사도론」, 『울산사학』 12, 울산대학교 사학회.

4) 무덤 주인 진의 출신지 및 관직 이름을 제외한 묘지명 내용은 다음과 같다. "…… 진은 77세로 죽어 영락 18년 무신년(戊申年) 초하루가 신유일(辛酉日)인 12월 25일 을유일(乙酉日)에 (무덤을) 완성하여 영구를 옮겼다. 주공(周公)이 땅을 보고 공자(孔子)가 날을 택했으며 무왕(武王)이 때를 정했다. 날짜와 시간의 택함이 한결같이 좋으므로 장례 후 부(富)는 7세에 미쳐 자손이 번창하고 관직도 날마다 올라 자리는 후왕(侯王)에 이르기를……. 무덤을 만드는 데 만 명의 공력이 들었고, 날마다 소와 양을 잡아서 술과 고기, 쌀은 먹지 못할 정도이다. 아침에 먹을 간장을 한 창고분이나 마련해 두었다. 기록하여 후세에 전한다. 무덤을 찾는 이가 끊이지 않기를……." 전호태(2016), 『고구려 벽화고분』, 돌베개 참조.

5) 이것을 황도 28수라고 한다. 자세한 것은 김일권(2008), 『고구려 별자리와 신화』, 사계절 참조.

6) 전호태(2017), 「고구려인의 미의식과 고분벽화」, 『고구려발해연구』 59호, 고구려발해학회.

7) 이종상(2003), 「韓國 美術史에서 차지한 高句麗 壁畵의 位置: 材料技

法을 中心으로」, 『고구려연구』 16, 고구려연구회.

8) 중국 동북공정의 전말에 대해서는 송기호(2007), 『동아시아의 역사분쟁』, 솔 참조.

9) 중국 관영 신화통신의 보도(2003. 4. 16)에 따르면 조선족 도굴꾼 3인이 1997년 가을부터 1998년 4월까지 다섯 차례에 걸쳐 삼실총의 출행도, 청룡도, 백호도, 현무도 등의 벽화를 도굴했다. 1차 도굴 참여자 1인을 포함한 다른 3인이 2000년 7월 3일 장천1호분의 무금무악도, 비봉도, 공양인도[예불도], 백희도를 도굴했고, 같은 시기 삼실총의 무사도, 현무도, 청룡도를 한 차례 더 도굴했다고 한다. 1차 도굴꾼 3인은 2003년 4월 16일 사형이 선고된 후 집행되었다고 보도되었다(『인터넷 한겨레』, 2003. 4. 18, 사회면). 2000년 두 번째로 이루어진 고분벽화 도굴 사실은 『경향신문』(2001. 10. 3) 및 『조선일보』(2001. 10. 4) 보도를 통해 국내에 공식적으로 알려졌다. 중국 국가문물국은 도굴된 벽화의 일부가 한국으로 유입된 것으로 조사되었으니 반환에 협조해 달라는 내용의 공문을 한국의 문화재청장 앞으로 보내기도 했다(2010년 12월 15일 문화재청 공식 발표, 『경향신문』 디지털뉴스팀, 2010년 12월 15일자 보도).

10) 필자가 전시 감독을 맡은 특별전 『고구려』(유네스코, 2012. 10. 11~26, 파리 유네스코 본부)에서는 10여 년에 걸친 유네스코 보존과학팀과 북한 문화유산보존국의 수산리벽화분 보존 처리 결과를 보고하는 코너를 별도로 만들었다. 수산리벽화분 보존 처리를 위한 국제적인 움직임에 대해서는 전호태(2014), 「세계문화유산 등재 고구려 벽화고분의 현황과 과제」, 『고구려발해연구』 50호, 고구려발해학회 참조.

11) 36쪽 그림 13, 14 참조.

12) 시녀에게 오현금을 들게 한 연주자가 무용수를 만나는 장면, 연주자의 오현금 소리에 맞추어 무용수가 춤추는 장면을 한 화면에 그렸다. 현대의 만화적 기법과 비슷한 이런 식 표현을 이시동도법(異時同圖法)이라고 한다[전호태(2016), 『고구려 벽화고분』, 돌베개의 '장천1호

분' 참조].

13) 송기호(2006), 『한국 고대의 온돌-북옥저, 고구려, 발해』, 서울대학교출판부.

14) 전호태(2016), 『고구려 생활문화사 연구』, 서울대출판문화원.

15) 전호태(2000), 『고구려 고분벽화 연구』, 사계절.

16) 판소리 〈심청전〉에서 심청이 용궁에서 세상으로 다시 나올 때 연꽃에서 나온다는 묘사도 연화화생에 대한 세속사회의 이해와 표현이라고 할 수 있다.

17) 석가모니의 전생담은 500개나 된다.

18) 전덕재(2008), 「고대 일본의 高麗樂에 대한 기초 연구」, 『동북아역사논총』 20.

19) 전호태(2016), 『고구려 생활문화사 연구』, 서울대출판문화원.

20) 정재서(1994), 『不死의 신화와 사상』, 민음사.

21) 전호태(2007), 『중국 화상석과 고분벽화 연구』, 솔.

22) 한정희(2012), 『동아시아 회화 교류사』, 사회평론.

23) 전호태(2000), 『고구려 고분벽화 연구』, 사계절.

24) 전호태(2016), 『고구려 생활문화사 연구』, 서울대출판문화원.

25) 국가의 정체성 정립과 관련이 깊은 고구려 국가제사에 대해서는 강진원(2015), 『高句麗 國家祭祀 硏究』, 서울대학교 박사학위논문; 최일례(2015), 『고구려 시조묘 제사의 정치성 연구』, 전남대학교 박사학위논문 참조.

26) 김일권(2008), 『고구려 별자리와 신화』, 사계절.

27) 이종상(2003), 「韓國 美術史에서 차지한 高句麗 壁畵의 位置: 材料技法을 中心으로」, 『고구려연구』 16, 고구려연구회.

28) 전호태(2002),「고구려 고분벽화의 기원」,『강좌 한국고대사』 제9권, 가락국사적개발연구원.

29) 강현숙(2013),『고구려 고분 연구』, 진인진.

30) 郑岩(2002),『魏晋南北朝壁画墓研究』, 文物出版社.

31) 전호태(2004),『벽화여, 고구려를 말하라』, 사계절; 안휘준은 회화기법상의 한계 때문으로 보았다[안휘준(2007),『고구려 회화』, 효형출판].

32) 전호태(2008),『고구려 고분벽화 읽기』, 서울대학교출판부.

33) 전호태(2012),『고구려 고분벽화 연구여행』, 푸른역사.

34) 나희라는 계세적 내세관을 지배층 중심의 타계관으로 이해했다[나희라(2008),『고대 한국인의 생사관』, 지식산업사].

35) 전호태(2016),『고구려 생활문화사 연구』, 서울대출판문화원.

도판목록

참고문헌

강진원(2015), 『高句麗 國家祭祀 硏究』, 서울대학교 박사학위논문.

강현숙(2013), 『고구려 고분 연구』, 진인진.

김일권(2008), 『고구려 별자리와 신화』, 사계절.

나희라(2008), 『고대 한국인의 생사관』, 지식산업사.

송기호(2006), 『한국 고대의 온돌-북옥저, 고구려, 발해』, 서울대학교 출판부.

______(2007), 『동아시아의 역사분쟁』, 솔.

안휘준(2007), 『고구려 회화』, 효형출판.

이종상(2003), 「韓國 美術史에서 차지한 高句麗 壁畵의 位置: 材料技法을 中心으로」, 『고구려연구』 16, 고구려연구회.

전덕재(2008), 「고대 일본의 高麗樂에 대한 기초 연구」, 『동북아역사논총』 20.

전호태(1997), 「고구려고분벽화: 강서대묘 벽화의 현무를 중심으로」, 『한국사시민강좌』, 25, 일조각.

______(2000), 『고구려 고분벽화 연구』, 사계절.

______(2002), 「고구려 고분벽화의 기원」, 『강좌 한국고대사』 9권, 가락국사적개발연구원.

______(2004), 『벽화여, 고구려를 말하라』, 사계절.

______(2006), 「국립중앙박물관 소장 일제강점기 고구려고분벽화 모사도론」, 『울산사학』 12, 울산대학교 사학회.

전호태(2007), 『중국 화상석과 고분벽화 연구』, 솔.

______(2008), 『고구려 고분벽화 읽기』, 서울대학교출판부.

______(2012), 『고구려 고분벽화 연구여행』, 푸른역사.

______(2014), 「세계문화유산 등재 고구려 벽화고분의 현황과 과제」, 『고구려발해연구』 50호, 고구려발해학회.

______(2016), 『고구려 벽화고분』, 돌베개.

______(2016), 『고구려 생활문화사 연구』, 서울대출판문화원.

______(2017), 「고구려인의 미의식과 고분벽화」, 『고구려발해연구』 59호, 고구려발해학회.

정재서(1994), 『불사의 신화와 사상』, 민음사.

최일례(2015), 『고구려 시조묘 제사의 정치성 연구』, 전남대학교 박사학위논문.

한정희(2012), 『동아시아 회화 교류사』, 사회평론.

郑岩(2002), 『魏晋南北朝壁画墓研究』, 文物出版社.

太田天洋(1913), 「朝鮮古墳壁畵の發見に就て」, 『美術新報』第12卷 第4号.

찾아보기

전호태(全虎兌)

서울대학교 국사학과를 졸업하고 같은 대학 대학원에서 박사학위를 받았다. 문학박사. 국립중앙박물관 학예연구사, 울산대학교 박물관장 및 대학기록관장, 미국 U.C.버클리대학교 및 하버드대학교 방문교수, 문화재청 문화재 감정위원과 전문위원, 한국암각화학회장을 역임했다. 현재 울산대학교 역사문화학과 교수 겸 반구대암각화유적보존연구소장으로 있다. 한국 고대문화사를 전공했다. 한국의 암각화, 고구려 고분벽화, 중국 고대미술에 관한 글을 다수 발표했다.

지은이는 고구려 고분벽화를 한국문화사 및 한국미술사의 주요한 연구분야로 자리 잡게 한 연구자이다. 고분벽화에 대한 지성사적 접근을 시도하여 고고학, 미술사학, 역사학, 종교학을 아우르는 역사자료는 어떻게 접근하고 분석, 종합하는 것이 적절한지 실증적으로 보여 주었다. 1990년대 중반부터 어린이부터 어른까지, 일반시민부터 전문가까지 모든 계층을 위한 고구려 및 고분벽화 교양서와 전문연구서를 발간했다. 고구려 고분벽화 및 한국 암각화에 대한 지은이의 기초자료 정리 결과 및 심도 있는 연구성과는 한국, 중국, 일본에서뿐 아니라 유럽과 미국에서도 폭넓게 인용되고 있으며 동아시아 미술 관련 연구 및 학습 교재로도 적극 활용되고 있다. 지은이는 고구려 역사문화 및 고구려 미술에 대한 이해의 폭을 넓히기 위해 고구려사와 고분벽화를 주제로 한 특별전을 국내외에서 여러 차례 기획하고 감독했다.

지은이가 낸 『고구려고분벽화연구』(사계절, 2000)는 2001년 제 42회 한국백상출판문화상을 수상하였으며 2004년 한국의 책 100권에 선정되어 프랑스어 번역본이 독일 프랑크푸르트 국제도서전에 특별전시되었다. 지은이는 2010년 한국연구재단 인문사회분야 우수학자로 선정되었으며 2012년 유네스코에서 주관한 특별전 『고구려』(유네스코, 2012.10.11.~26, 파리 유네스코 본부)를 기획, 감독하였다.

동북아역사재단 교양총서 3

고구려 고분벽화와 만나다

제1판 1쇄 발행일 2019년 8월 9일

지은이 전호태
발행인 김도형
발행처 동북아역사재단

출판등록 제312-2004-050호(2004년 10월 18일)
주소 서울시 서대문구 통일로 81 NH농협생명빌딩
전화 02-2012-6065
팩스 02-2012-6189
홈페이지 www.nahf.or.kr
제작 · 인쇄 (주)동국문화
디자인 파피루스

ISBN 978-89-6187-479-3 04910
978-89-6187-406-9 (세트)

* 이 도서의 국립중앙도서관 출판예정도서목록(CIP)은 서지정보유통지원시스템 홈페이지(http://seoji.nl.go.kr)와 국가자료종합목록 구축시스템(http://kolis-net.nl.go.kr)에서 이용하실 수 있습니다. (CIP제어번호 : CIP2019029830)
* 책값은 뒤표지에 있습니다. 잘못된 책은 바꾸어 드립니다.